W0180874

# Das Mittelrheintal
## Eine Kulturlandschaft im Wandel

**Erdmann Gormsen**

Herausgegeben von
Stephan Flettner und
Nico Gormsen

LEINPFAD
VERLAG

Gefördert mit freundlicher Unterstützung durch den Regierungsbeauftragten für das UNESCO Anerkennungsverfahren "Mittelrheintal" und das Forum Mittelrheintal e.V."

© Leinpfad-Verlag
Februar 2003

Dieses Werk ist in allen seinen Teilen urheberrechtlich geschützt. Die dadurch begründeten Rechte, insbesondere die des Nachdrucks, des Vortrags, der Übersetzung, der Entnahme von Abbildungen, der tontechnischen Wiedergabe, der Mikroverfilmung oder der Vervielfältigung auf anderen Wegen sowie der Speicherung in und die Verarbeitung durch elektronische Systeme, bleiben, auch bei nur auszugsweiser Verwertung, vorbehalten. Eine Vervielfältigung dieses Werkes oder von Teilen dieses Werkes ist grundsätzlich vergütungspflichtig und ohne schriftliche Genehmigung des Rechtsinhabers nicht gestattet.

Umschlag: kosa-design, Ingelheim
Druck: Druckerei Wolf, Ingelheim

Leinpfad-Verlag, Leinpfad 5, 55218 Ingelheim,
Tel. 06132/8369, Fax: 896951
www.leinpfad-verlag.de

ISBN 3-9808383-2-3

## Inhalt

## Vorwort

Was macht die Einzigartigkeit der Landschaft des Mittelrheintales aus? Ist es die eindrucksvolle, ja extreme Naturlandschaft, oder ist es die vom Menschen geprägte, mit zahlreichen Burgen und Siedlungen besetzte Kulturlandschaft? Ist es das strategische Element der wichtigen - von der Geologie und Geomorphologie vorgegebenen - Nord-Süd-Verkehrsachse oder vielleicht gerade die Begrenztheit der ökonomischen Entwicklung der Region, die ihr hauptsächliches Einkommen durch Verkehr und Tourismus als notwendigen Ausgleich gegenüber der sonstigen Kargheit ihrer Lebensgrundlagen empfindet?

Die besondere Attraktivität dieser Flusslandschaft ist jedenfalls seit der Industriellen Revolution immer wieder von Intellektuellen beschrieben und entdeckt worden, wohl als Gegenbewegung zur zunehmenden Entfremdung des modernen Menschen von der Natur, der deshalb intensive, als extrem empfundene Landschaften zur Rückbesinnung auf den verloren gegangenen Naturzustand braucht. Zahlreiche Mythen ranken sich um die rätselhafte Anziehung des oberen Mittelrheintales auf den menschlichen Betrachter.

In der Tat ist es die Vielschichtigkeit und Gegensätzlichkeit der Landschaftselemente - kaum veränderbar durch menschliche Eingriffe - und der vom Menschen dafür entworfenen Nutzungen im Laufe der Geschichte, die unsere Wahrnehmung vom Mittelrheintal bestimmt.

Dieser große Reiz der Summe aller Landschaftselemente des Tales und das Bemühen um eine besseren Schutz und eine behutsame Weiterentwicklung hat die Organisation für Erziehung, Wissenschaft und Kultur der Vereinten Nationen (UNESCO) im Juni 2002 dazu veranlasst, das Mittelrheintal zwischen Koblenz und Bingen zum Welterbe zu erklären.

Erdmann Gormsen hat sich vor seiner Emeritierung im Jahre 1994 als Ordentlicher Professor für Geographie (Kulturgeographie) noch einmal der Region seiner ersten Studienjahre zugewandt, obwohl ihm besonders seine Arbeiten zu Lateinamerika wissenschaftliches Ansehen eingebracht haben. Er hat damit den Versuch unternommen, in einer durchaus persönlichen und subjektiven Zusammenschau die besondere landschaftliche Attraktivität, aber auch die ökonomische Problematik und politisch-territoriale Geschichte des Mittelrheintales darzustellen. Tatsächlich hatte er sich schon viele Jahre zuvor, durch sein Mitwirken als ständiges Mitglied im Landesplanungsbeirat Rheinland Pfalz bei der Staatskanzlei in Mainz, mit Fragen der menschlichen Nutzung von Landschaft und mit den immer wieder entstehenden (ökonomischen) Nutzungskonflikten zu befassen.

Schon von seiner schweren Krankheit gezeichnet hat er von 1996 bis 1998 mit bewundernswerter Disziplin das jetzt vorliegende Buchmanuskript fertiggestellt. Die wesentlichen Abbildungen wurden aus seiner Vorauswahl übernommen, ebenfalls die Tabellen und Zeichnungen. Am Text wurden kleinere Korrekturen und Aktualisierungen vorgenommen. Das statistische Material - besonders zur Entwicklung des Fremdenverkehrs - reicht bis etwa 1999; neuere, bahnbrechende Trends der ökonomischen Entwicklungen sind aber nicht erkennbar geworden. Ich habe es als enger persönlicher Mitarbeiter und Freund des Verfassers unternommen, das Buch nach seinem Tode zu bearbeiten.

Einer größeren Zahl von Mitarbeitern, Freunden und Familienangehörigen von Erdmann Gormsen möchte ich für Hilfestellungen zu danken. Susanne Gormsen war bei der Bearbeitung und der Bereitstellung von Abbildungen und Manuskriptentwürfen unentbehrlich, ebenso Andreas Bitz, Corinna Heidenreich, Françoise Sauer, Bernhard Dorn und Dr. Heinz Schürmann. Ein besonderer Dank geht an das Landesamt für Denkmalpflege Rheinland-Pfalz, besonders an Herrn Dr. Schüler-Beigang und an Herrn Straeter für die Beratung in inhaltlichen Fragen sowie für die Überlassung von Abbildungen. Angelika Schulz Parthu vom Leinpfad Verlag besorgte die Schlussredaktion. Letztlich wären noch viele Freunde und Kollegen von Erdmann Gormsen zu nennen, die durch Diskussionsbeiträge und Kommentare das Manuskript auf die eine oder andere Weise verbessert haben: Ihnen allen gilt mein besonderer Dank.

Stephan Flettner

*Stephan Flettner, geb. 1965, studierte von 1986-1992 in Mainz, Tübingen und Lima Geographie. Erdmann Gormsen hatte er während zahlreicher Lateinamerika-Aufenthalte kennen gelernt. Von 1990-1995 arbeitete er an der Johannes-Gutenberg-Universität mit ihm zusammen, zunächst als wissenschaftliche Hilfskraft, später als Mitarbeiter in Drittmittel-Forschungsprojekten.*

*Nico Gormsen, geb. 1965, Sohn des Autors, ist Unternehmer in der Airline- und Touristikbranche.*

*1 Blick über die Weinberge auf Burg Stahleck oberhalb von Bacharach im Mittelrheintal.*

## Einführung

Kaum eine deutsche Landschaft ist in der ganzen Welt so bekannt wie das obere Mittelrheintal. Und dies aus gutem Grunde. Das in seiner ganzen Breite vom Rheinstrom ausgefüllte, canyonartige Tal verdankt seinen einmaligen Charakter nicht nur dem imponierenden Naturschauspiel mit hoch aufragenden Felsen wie der Loreley, sondern vor allem der Umgestaltung durch den Menschen, der seit dem Mittelalter steile Terrassen für die Weinreben anlegte und malerische Städte und wehrhafte Burgen baute (Abb.1).

Als attraktives Reiseziel »entdeckt« wurde das Tal vor rund zweihundert Jahren unter wesentlicher Beteiligung von Engländern wie John Gardnor, Lord George Byron, William Turner und den Franzosen Alexandre Dumas und Victor Hugo. Die Unzahl der oft idealistisch überhöhten Gemälde und Buchillustrationen, Stahlstiche und Steindrucke fanden damals eine weite Verbreitung im aufstrebenden Bildungsbürgertum (Abb. 2).

Doch den entscheidenden Impuls zu ihrer Popularität hat diese „Kultur-Landschaft" unter dem Einfluss der deutschen Romantik erhalten, denn das angeblich »aus alten Zeiten« stammende Märchen von der schönen Jungfrau auf dem Loreley-Felsen, die den Rheinschiffern nur Unheil bringt, hat Clemens Brentano erst um 1800 erdacht (Abb. 3, 4). Es diente Heinrich Heine als Vorlage für sein berühmtes Gedicht, das nach 1838, dem Jahr der Vertonung durch den Komponisten und Sammler volkstümlicher Chormusik Friedrich Silcher, seinen Siegeszug um den ganzen Erdball antrat, wobei es in viele Sprachen übersetzt wurde, darunter von Mark

**2** *Die schroffen, noch weitgehend baumfreien Felsen an der Loreley gibt der Stahlstich von C. Frommel wieder (um 1840).*

Twain ins Englische. Allerdings hatte dieser amerikanische »Tramp« den Mittelrhein niemals besucht. (vgl. Twain 1967; Hugo 1842; Tümmers 1968; Minaty 1988; Powell 1995; Schmitt 1996).

Bis heute durchstreifen Jahr für Jahr unzählige Ausflügler und Touristen aus aller Herren Länder voller Begeisterung das »Tal der Loreley«, wie es in der heutigen Fremdenverkehrswerbung genannt wird. Doch was sie sehen ist – wie in vielen ähnlichen Fällen – lediglich die Schauseite, also gewissermaßen die halbe Wahrheit, während ihnen die anderen Seiten, das heißt die realen Lebensbedingungen der einheimischen Bevölkerung, weitgehend verborgen bleiben. Um diesen scheinbaren Widerspruch besser zu erkennen und aufzulösen, sollten wir uns ein wenig mit dem Wechselspiel von natur- und kulturgeographischen Faktoren im Wandel der Zeiten beschäftigen.

### *Ich weiß nicht, was soll es bedeuten*

*Ich weiß nicht, was soll es bedeuten,*
*Dass ich so traurig bin;*
*Ein Märchen aus alten Zeiten,*
*Das kommt mir nicht aus dem Sinn.*

*Die Luft ist kühl und es dunkelt,*
*Und ruhig fließt der Rhein;*
*Der Gipfel des Berges funkelt*
*Im Abendsonnenschein.*

*Die schönste Jungfrau sitzet*
*Dort oben wunderbar;*
*Ihr goldnes Geschmeide blitzet,*
*Sie kämmt ihr goldenes Haar.*

*Sie kämmt es mit goldenem Kamme*
*Und singt ein Lied dabei;*
*Das hat eine wundersame,*
*Gewaltige Melodei.*

*Den Schiffer im kleinen Schiffe*
*Ergreift es mit wildem Weh;*
*Er schaut nicht die Felsenriffe,*
*Er schaut nur hinauf in die Höh.*

*Ich glaube die Wellen verschlingen*
*Am Ende Schiffer und Kahn;*
*Und das hat mit ihrem Singen*
*Die Lorelei getan.*

Heinrich Heine (1823)

*3* und *4* Der Mythos der Loreley fasziniert nach wie vor die Besucher des Mittelrheintals. Nur die Darstellungen unterliegen einem Wandel: rechts die »Loreley« von Wilhelm Kray (1875-78), links die Werbepostkarte einer Touristikgemeinschaft .

## Natürliche Grundlagen

Nach seiner Naturausstattung ist das 63 Kilometer lange obere Mittelrheintal zwischen Bingen und Koblenz siedlungsfeindlich. Und tatsächlich galt es mit seinen Engstellen und den Felsklippen im Flussbett bei den frühen Reisenden als unheimlich und gefährlich. Das seit dem jüngeren Tertiär (Pliozän), also vor etwa sechs Millionen Jahren, herausgehobene Rheinische Schiefergebirge legt sich wie eine Barriere zwischen die fruchtbaren Beckenlandschaften am Oberrhein und am Niederrhein. Es besteht aus 350 bis 400 Millionen Jahre alten, meist devonischen Gesteinen des Erdaltertums mit Unterschieden in petrographischer Zusammensetzung und Härte, in die sich der Rhein und seine Nebenflüsse Mosel und Lahn an tektonisch vorgebildeten Strukturlinien eingeschnitten haben (vgl. Semmel 1996).

Der Strom füllt fast das ganze rund 150 bis 250 Meter breite und ebenso tiefe Durchbruchstal aus. Die Naturterrassen, die im Pleistozän, also während der verschiedenen Stadien der Eiszeit, durch den Wechsel von

*5* *Richard Doyle reduziert 1854 das Rheintal auf das für britische Reisende Eindrucksvolle, den „beburgten" (castellated) Rhein.*

***6*** *Idealisierte Darstellung der »Rheinlandschaft« aus Aurelio de Giorgio Bertólas Reisebuch (1795): Das Leben am Strom, kahle Hänge und verstreute Siedlungen.*

***7*** *Niels Gormsen skizzierte auf einer Zugfahrt 1994 seine Impressionen des Rheintals. Verkehr, größere Siedlungen und Vegetation dominieren.*

Tiefen- und Breitenerosion des damaligen Rheinlaufs entstanden sind, wurden in harten Grauwacke- und Quarzitfelsen recht schmal ausgebildet. Sie sind daher nur bruchstückhaft zu erkennen. Davon abgesehen besteht gerade der Taunus-Quarzit aus äußerst nährstoffarmen Mineralbestandteilen. So ist zusammenhängendes Ackerland erst auf den lössbedeckten oberen Terrassen und einigermaßen ebenen Flächen der beiderseitigen Höhen von Hunsrück, Taunus und Westerwald verfügbar. Die charakteristischen Weinberge finden sich jedoch vorwiegend in den weniger schroffen Talabschnitten, die hauptsächlich aus schwarzen bis grauen Tonschiefern bestehen und zur Bildung relativ fruchtbarer Böden beitragen.

Entgegen den wenig realistischen Vorstellungen, die im Rheinreise-Buch des italienischen Geistlichen Aurelio de Giorgio Bertóla von 1795 enthalten sind (Abb. 6) und entgegen der eher humorvoll übertriebenen Abbildung, mit der Richard Doyle (1854) sein Buch für britische Touristen illustriert hat (Abb. 5), tritt das Rheinische Schiefergebirge also im allgemeinen nicht als Bergland mit vielen Kuppen oder Gipfeln in Erscheinung, sondern eher als ausgedehnte Rumpfflächen und langgestreckte bewaldete Höhenrücken. Allerdings liegen viele Burgen auf halber Höhe, das heißt rund 60 bis 80 Meter über dem Fluss, auf den steil herauspräparierten Resten ehemaliger Mittelterrassen, die man daher auch unter der Bezeichnung »Burgenterrasse« zusammengefasst hat (Abb. 7). Die wenige Meter hohe Niederterrasse ist zwar normalerweise hochwasserfrei, aber oft so eng, dass Straßen und Bahngleise nur durch die Sprengung von Felsen, durch künstlich aufgeschüttete Ufererweiterungen

***8*** *Bacharach und das Steeger Tal als Beispiel für agrarwirtschaftliche Tal-Asymmetrie. Die Siedlungsanlage erfolgte auf dem Schwemmfächer und der Ufererweiterung.*

oder durch den Bau von Tunneln, wie beispielsweise unter der Loreley, angelegt werden konnten. Die meisten Siedlungen wurden freilich auf Schwemmfächern an den Mündungen der V-förmigen Kerbtäler gegründet. Durch letztere wird die Landschaft auf beiden Seiten des Mittelrheintals viel stärker aufgegliedert, als man beim Fernblick über die Hochflächen vermuten würde (Abb. 8).

| Gebiet | Höhe m NN | Mitteltemperatur Jahr | Jan. | Juli | Vegetations-periode * | Jahresnie-derschl. (mm) | |
|---|---|---|---|---|---|---|---|
| Oberes Mittelrheintal | 75 | 9,5 | 1,0 | 18,5 | 255 | 510 - | 600 |
| Östlicher Hunsrück | 200 | 9,0 | 0,5 | 17,5 | 235 | 600 - | |
| | 300 | 8,5 | 0,0 | 17,0 | 230 | | 700 |
| | 400 | 7,5 | -1,0 | 16,0 | 215 | 650 - | |
| | 500 | 7,0 | -1,0 | 15,5 | 210 | | 800 |
| Westlicher Taunus | 200 | 9,0 | 0,5 | 17,5 | 235 | 550 - | |
| | 300 | 8,0 | 0,0 | 17,0 | 225 | | 650 |
| | 400 | 7,5 | -0,5 | 16,0 | 220 | 750 - | |
| | 500 | 7,0 | -1,0 | 15,5 | 210 | | 840 |
| Rheingau | 100 | 9,5 | 1,0 | 18,5 | 245 | 550 | |
| | 150 | 9,0 | 0,5 | 18,0 | 240 | - | |
| | 200 | 9,0 | 0,5 | 17,5 | 235 | | 750 |
| Rheinhessen | 80 | 9,0 | 0,5 | 18,0 | 245 | 500 | |
| | 180 | 9,0 | 0,5 | 18,0 | 240 | - | |
| | 250 | 8,5 | 0,5 | 17,5 | 230 | | 600 |

* Vegetationsperiode: Zahl der Tage mit 5 und mehr Grad C

***Tab. 1*** *Klimadaten aus dem Mittelrheingebiet. Quelle: Meynen et al., 1953-1962.*

***9*** *Schwelle im Binger Loch vor der Sprengung und dem letzten Ausbau in den 1990er Jahren.*

Im Gegensatz zu dem feucht-kühlen Klima der benachbarten Mittelgebirge von 300 bis 500 Metern Höhe über dem Meer weist das Tal freilich entscheidende Vorteile auf. Die Temperaturen liegen im Sommer wie auch im Jahresdurchschnitt etwa 1 bis 2 Grad Celsius höher als dort, die Vegetationsperiode ist entsprechend länger.

Die stärkere Erwärmung hat aufsteigende Luft zur Folge, das heißt weniger Wolken und 150 bis 200 Millimeter geringere Niederschläge (Tab. 1). Doch diese Unterschiede allein reichen für die bevorzugte Landwirtschaft und den Weinbau nicht aus. Hinzu kommt eine geringere Abkühlung während der Nacht durch die Wärmespeicherung im Wasser und an den dunklen Felshängen, ferner die Bildung von Morgennebeln bei Hochdruckwetterlagen im Frühjahr und Herbst, die einen gewissen Schutz vor Frostschäden bewirken, sowie schließlich der Gegensatz der Exposition zwischen den nach Süden und Westen geneigten Weinbergen mit stärkerer Sonneneinstrahlung und den benachteiligten Nord- und Osthängen, die mit Niederwald und Buschland bewachsen sind.

Daraus ergibt sich insgesamt eine eindrucksvolle agrarwirtschaftliche Tal-Asymmetrie, die auch an den Hängen der tief eingeschnittenen Nebenbäche zu beobachten ist (Abb. 8). Weiter oben geht die Landschaft in ausgedehn-

**10** *Das Binger Loch mit der Ruine Ehrenfels und dem Mäuseturm in der Strommitte. Im Hintergrund die Anhöhen des Binger Waldes (um 1850).*

te Waldungen über, die unter dem Einfluss der preußischen Forstwirtschaft seit dem 19. Jahrhundert überwiegend in Form von einem Kahlschlag-Umtrieb mit relativ schnell wachsenden Fichten genutzt werden, das heißt nach einem ökonomisch rational erscheinenden System, das freilich nach Kriterien der Ökologie und insbesondere der Nachhaltigkeit mit einigen Fragezeichen zu versehen ist, ganz abgesehen vom ästhetisch nicht sehr vorteilhaften Erscheinungsbild des monotonen »Stangenwaldes«. Beispielsweise ist bei großen Beständen gleichen Alters die Gefahr des Windbruchs größer als bei der sogenannten Plenterwirtschaft, bei der nur jeweils die voll ausgewachsenen Bäume geschlagen werden, während jede Parzelle nach wie vor aus Bäumen unterschiedlichen Alters und Wachstumszustandes besteht.

## Rheingau und Rheinhessen als Nachbarlandschaften

In schärfstem Kontrast hierzu liegen vor dem Binger Loch die offenen Landschaften des Rheingaus und Rheinhessens (Abb. 11, 12), zwischen denen der Rhein träge dahinfließt, denn beim Eintritt in das enge Durchbruchstal wird er an den überaus widerstandsfähigen Quarzitfelsen im Flußbett aufgestaut. So nimmt sein Gefälle, das von Mainz bis Bingen lediglich 0,14 Promille (etwa vier Meter auf dreißig Kilometer) beträgt, auf der folgenden Strecke bis Assmannshausen auf 0,75 Promille zu (drei Meter auf vier Kilometer). Dies bedeutete in früheren Zeiten eine beträchtliche Gefahr für die Schifffahrt und erfordert bei der Bergfahrt vollgeladener Schiffe trotz der inzwischen durchgeführten Baumaßnahmen noch immer zusätzliche Antriebskräfte durch den Vorspanndienst von Schleppern. Oberhalb wirkt der Strom mit bis zu tausend Metern Breite und flachen Ufern fast wie ein Binnensee, der von langgestreckten Inseln gegliedert wird. Sie werden hier Auen genannt

***11*** *Blick über Bingen, die Martinsbasilika im Vordergrund, auf den Eintritt des Mittelrheines in das enge Durchbruchtal (um 1800).*

und stehen mit ihrer häufig überschwemmten amphibischen Vegetation und einer angepassten Fauna zum Teil unter Naturschutz. Um die Strömungsgeschwindigkeit und damit die Fahrwassertiefe zu verstärken, wurden Buhnen sowie uferparallele Leitwerke eingebaut, die ebenfalls baumbestanden sind. Darüber hinaus muss der Fluss immer wieder ausgebaggert werden. Wir sind hier am Nordrand des Oberrheingrabens, der in der älteren Tertiärzeit zunächst durch tektonische Bewegungen in der Erdkruste abgesunken ist und durch die Abtragung der aufsteigenden Mittelgebirge mit mächtigen Kalk-, Sand- und Mergel-Sedimenten aufgefüllt wurde, in denen sich auch Reste einer tertiären Meeresfauna finden. Nachträglich wurde aber der westliche Flügel – zwischen den Hauptverwerfungen am Donnersberg und am aktuellen Rheinlauf bei Nierstein – wieder teilweise herausgehoben und durch erneute Erosions- und Denudationsprozesse seit dem Pleistozän in das rheinhessische Hügel- und Tafelland mit 200 bis 300 Metern Meereshöhe umgestaltet (Abb. 12). Es wurde mit einem Terrassensystem überprägt und weithin mit Löss bedeckt. Aufgrund der damit gegebenen Fruchtbarkeit und des trocken-warmen Beckenklimas gehört diese fast waldlose Landschaft zu den bevorzugten Agrargebieten Deutschlands, mit Weizen- und Zuckerrübenfeldern auf den ebenen Flächen, Weinbergen an den Südwesthängen und Obstpflanzungen in den Niederungen, insbesondere bei Ingelheim – Gau-Algesheim. Hierzu trägt die Lage im Lee des Rheinischen Schiefergebirges bei, das in den Quarzitrücken von Hunsrück und Taunus auf über 600 Meter ansteigt und oberhalb 300 Meter bewaldet ist. Besonders begünstigt erscheint dabei der in weniger steilen Stufen aufsteigende Rheingau auf der südlichen Abdachung des Taunus zum Rhein.

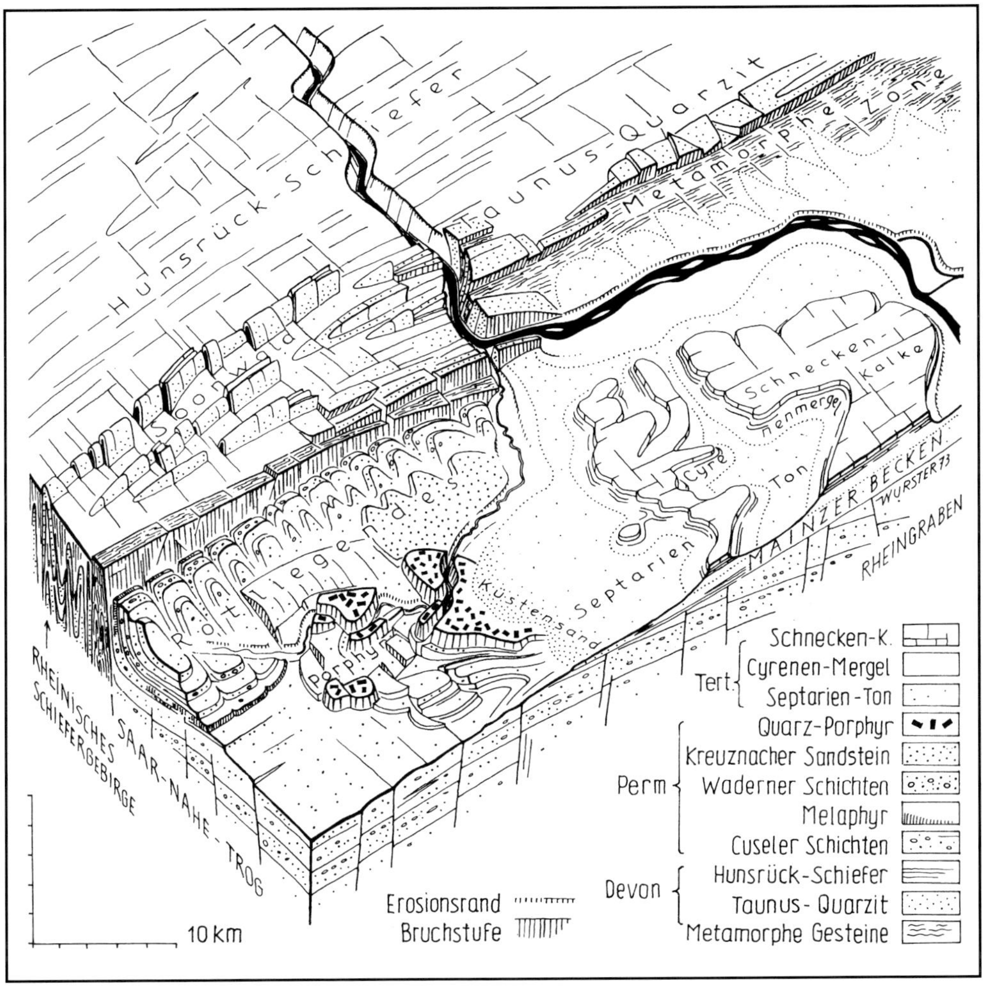


***12*** *Geologisches Blockbild der landschaftlichen Grundlagen am Eintritt des Rheines in das Rheinische Schiefergebirge bei Bingen. Hier berühren sich drei geologische Strukturelemente: das Rheinische Schiefergebirge im Norden, der Saar-Nahe-Trog im Südwesten und das Mainzer Becken im Südosten. Der Rhein tritt am Niederwald bei Rüdesheim – Bingen in das Engtal des Mittelrheins.*

## Historische Entwicklungslinien bis 1800

Früheste Spuren menschlicher Kultur aus der Altsteinzeit, die ungefähr dem Ende der nördlichen Vereisung entsprechen, finden sich in den nördlichen und südlichen Beckenlandschaften sowie gegen Ende dieser Epoche vor rund 11.500 Jahren im Neuwieder Becken. Hier und in der Kölner Bucht treten um 6000 vor Christus als Begründer der sogenannten „jüngeren Steinzeit" die Bandkeramiker als erste sesshafte Ackerbauern auf, abgelöst von der Rössener und der Michelsberger Kultur sowie von den Schnurkeramikern und den Glockenbecherleuten. Etwa 1800 vor Christi Geburt lassen sich bronzezeitliche Einflüsse aus dem südwestdeutschen Raum am Mittelrhein nachweisen und ein halbes Jahrtausend später die Urnenfelderkultur. Seit der Mitte des ersten Jahrtausends vor Christus, das heißt in der Latène-Zeit, breiteten sich hier die Kelten aus.

### Frühgeschichte

Die Römer drangen um 50 vor Christus bis an den Rhein vor. Nachdem sie hier ihre Herrschaft gefestigt hatten, eroberten sie etwa hundert Jahre später die Gebiete östlich des Mittel- und Oberrheins bis zur Donau bei Regensburg und schützten sie durch den Limes, ein starkes Befestigungssystem mit Wall und Graben, Beobachtungstürmen sowie voll ausgebauten Kastellen, das trotzdem nach zwei Jahrhunderten von Franken und Alemannen überwunden wurde. *Germania superior,* Obergermanien, blieb jedoch am linken Ufer des Rheins eine blühende Provinz (Abb. 13). Die Römer gründeten neben dem Hauptort Mainz (*Moguntiacum*), das mit dem rechten Ufer durch eine feste Brücke verbunden war, auch viele andere der heute noch bedeutenden Städte.

Auf dem Lande legten sie Gutshöfe sowie komfortable und kunstvoll ausgestattete Herrenhäuser an (Abb. 17) und führten unter anderem den Weinbau, verschiedene

*__13__ Die römischen Provinzen zwischen Rhein und Maas. Das Mittelrheintal war Teil der „Germania Superior" (Obergermanien) mit der Hauptstadt Mainz. Eine weitere bedeutende Stadt war Trier als Hauptstadt der „Gallia Belgica".*

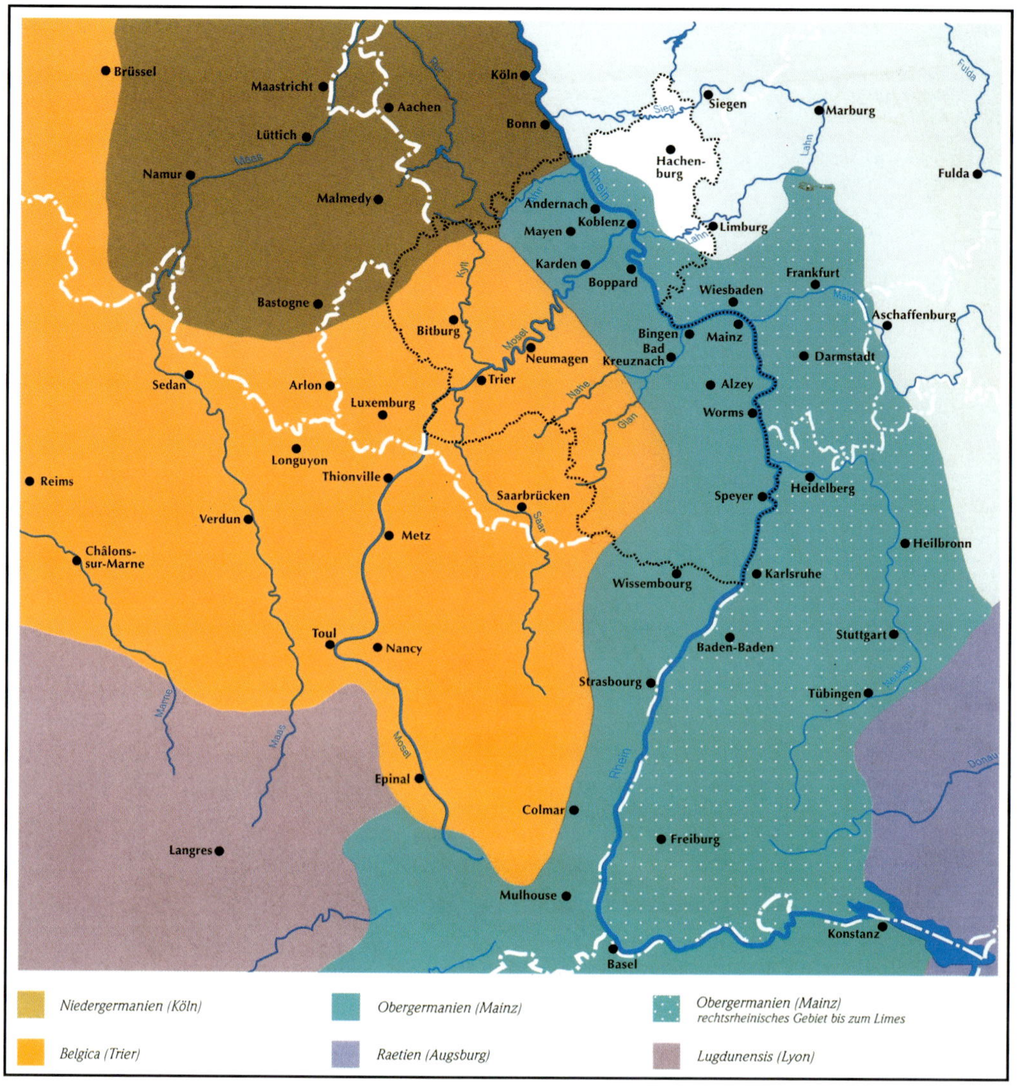


Winzer- und Ackergeräte sowie landwirtschaftliche Techniken ein. Der Strom selbst wurde von ihnen als Schifffahrtsweg vor allem für den Lastentransport und für militärische Zwecke genutzt, während die Straßen über den Hunsrück und die Eifel überwiegend dem Personen- und Nachrichtenverkehr dienten (Cüppers 1990; Dotzauer 1992).

Von der hochentwickelten Raumorganisation und Stadtkultur blieben jedoch nur wenige Reste erhalten, nachdem seit der zweiten Hälfte des 4. Jahrhunderts immer mehr germanische Übergriffe die „pax romana" gestört hatten und schließlich, als Folge der Völkerwanderung, vieles vernichtet oder dem Verfall preisgegeben worden war (Abb. 15). Allerdings werden auch heute noch bei Bauarbeiten hin und wieder bedeutende Zeugnisse antiker Zivilisation zutage gefördert, wie beispielsweise 1981/82, als in zwei Baustellen am Mainzer Rheinufer mehrere Römerschiffe unterschiedlicher Typen ausgegraben und in einem speziellen Museum untergebracht wurden. Doch keine Stadt längs des Rheins wird durch so viele römische Monumente geprägt wie Trier an der Mosel mit der Steinbrücke, der Porta Nigra, den Kaiserthermen, der Basilika usw. Darin zeigt sich einerseits seine damalige Vorrangstellung, andererseits eine gewisse Abseitslage in späteren Zeiten, die keine größeren Verkehrs- oder Industriebauten erforderlich machte. Das kam unter anderem in der Tatsache zum Ausdruck, dass die Trierer Erzbischöfe und Kurfürsten seit dem Ende des Mittelalters

*__14__ Fahrspuren der römischen Straßenverbindung zwischen dem Rheintal bei Bacharach und der Ausoniusstraße über den Hunsrück nach Trier.*

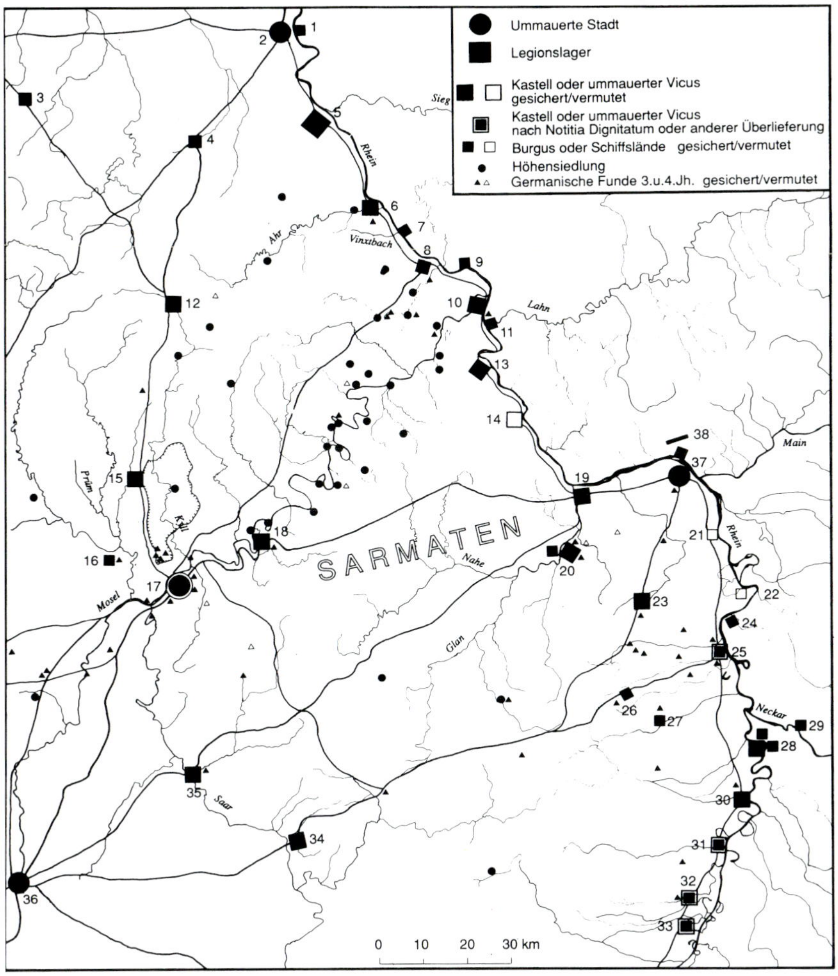


***15*** *Die Region zwischen Rhein und Mosel in der 2. Hälfte des 4. Jh.:*
*1 Köln-Deutz (Divitia),*
*2 Köln (Colonia Agrippina),*
*3 Aachen (Aquae Granni),*
*4 Zülpich (Tolbiacum),*
*5 Bonn (Bonna),*
*6 Remagen (Rigomagus),*
*7 Rheinbrohl,*
*8 Andernach (Antunnacum),*
*9 Engers,*
*10 Koblenz (Confluentes),*
*11 Niederlahnstein,*
*12 Jünkerath (Icorigium),*
*13 Boppard (Bodobriga),*
*14 Oberwesel,*
*15 Bitburg (Beda),*
*16 Echternach,*
*17 Trier (Treveri),*
*18 Neumagen (Noviomagus),*
*19 Bingen (Bingium),*
*20 Bad Kreuznach, Festung und Burgus,*
*21 Nierstein (Buconica),*
*22 Eich,*
*23 Alzey (Vicus Altiaiensium),*
*24 Zullestein,*
*25 Worms (Wormatia)*
*26 Eisenberg,*
*27 Bad Dürkheim-Ungstein,*
*28 Altrip (Alta ripa), Hauptfestung und Burgus, Schiffslände,*
*29 Ladenburg,*
*37 Mainz (Moguntiacum)*
*38 Wiesbaden*

ihre ständige Residenz nach Koblenz, also an die Hauptachse des Nord-Süd-Fernverkehrs, verlegten. Aber auch in Trier wurde das rechtwinkelige Straßenraster der Römer nach den Zerstörungen der Völkerwanderung und dem anschließenden Verfall erheblich umgeformt.

***16*** *Ausgrabung der Mainzer „Römerschiffe", die die Bedeutung des Rheins als Handels- und Verkehrsweg für zivile und militärische Zwecke bereits in früher Zeit belegen.*

***17*** *Das Oceanus-Mosaik aus Bad Kreuznach, Zeugnis des Wohlstands der römischen Landbesitzer einer „villa rustica" in der Umgebung des eigentlich siedlungsfeindlichen Mittelrheintals.*

## Mittelalter und Neuzeit

Trotz dieser Umwälzungen kam das Städtewesen nach dem Ende der römischen Herrschaft um 400 n. Chr. nicht völlig zum Erliegen. Hier konnten sich gallo-romanische Gruppen relativ lang behaupten. Ihre Kultur wurde teilweise von den neuen fränkischen Herren übernommen. Dazu trug unter anderem das Christentum der Spätantike bei, denn in den ehemaligen Provinzhauptstädten der Römer – Trier, Köln und Mainz – ließen sich die drei wichtigsten Erzbischöfe nördlich der Alpen nieder. Sie waren nicht nur für die geistliche Betreuung in ihren ausgedehnten Kirchenprovinzen zuständig, sondern kontrollierten auch einen beachtlichen Territorialbesitz. Dies führte schließlich dazu, dass sie in der Goldenen Bulle von 1356 – zusammen mit den vier weltlichen Landesherren von Brandenburg, Böhmen, Sachsen und der Pfalz – zu Kurfürsten erhoben wurden, die den deutschen König zu wählen hatten. Wichtige Positionen nahmen auch die weiter südlich am Oberrhein gelegenen Bischofssitze und Kaiserstädte Worms und Speyer ein, während am Mittelrhein lediglich Koblenz (*Confluentes*) am Zusammenfluss mit der Mosel eine größere Bedeutung erlangte, nachdem es Residenz der Trierer Erzbischöfe geworden war. Sie umgaben es ab 1655 mit einem starken Befestigungsgürtel.

Auf römischer Basis entwickelten sich ferner Bingen, Oberwesel, Boppard und – trotz fehlender schriftlicher Quellen – auch Bacharach, in dessen Nähe ein Straßenabschnitt gefunden wurde, der von hier auf den Hunsrück führt (Abb. 14). Abgesehen von wenigen Elementen der Antike, wie etwa den Mauerresten in Boppard, unterscheiden sie sich nicht grundsätzlich von anderen Kleinstädten unseres Bereichs, die erst seit dem Mittelalter das römische Städtenetz ergänzen. Ihre Lage an den Mündungen enger Seitentäler lässt wenig Raum für die dichtgedrängten Bürgerhäuser aus verschiedenen Epochen, für romanische und gotische Kirchen sowie mehr oder weniger gut erhaltene Stadtmauern und Türme. Doch fast überall verleihen wehrhafte Burgen oder Ruinen auf hohen Felsspornen den malerischen Stadtbildern entscheidende Akzente. Die meisten wurden im Pfälzischen Erbfolgekrieg (1688/89) von französischen Truppen zerstört, nur wenige im 19. Jahrhundert oder später ganz oder teilweise wiederaufgebaut und restauriert.

Städte und Burgen verdanken ihre Existenz der territorialen Kleingliederung, die auf Karten (Abb. 18) nur unvollkommen zum Ausdruck kommt. Sie gibt den Zustand am Ende des Heiligen Römischen Reiches Deutscher Nation wieder, also vor der Napoleonischen Neugliederung und dem Wiener Kongress. Die Zersplitterung war in früheren Jahrhunderten im ganzen südwestdeutschen Raum noch krasser, bevor einige geistliche und weltliche Landesherren ihre Staatsgebiete durch kriegerische Auseinandersetzungen, aber auch durch Erbschaften, Schenkungen, Lehnsherrschaften usw. vergrößern konnten (Heyen 1988). Dabei übten die Städte als zentrale Orte die Verwaltungs-, Handels-, Gewerbe- und Beschützerfunktion für die zugehörigen Gebiete aus. In unserem Fall trat der Wunsch nach Stützpunkten am Rhein als wichtiger Aspekt hinzu, um diesen bedeutenden Handelsweg nicht nur zum Transport eigener Waren zu nutzen, sondern auch, um durch Abgaben aus dem Güterverkehr fremder Schiffe Gewinne zu erzielen. Besonders günstig war der Besitz von zwei gegenüberliegenden Zollstätten an beiden Ufern, wie etwa dem kurpfälzischen Kontrollriegel bei Bacharach und Kaub sowie dem hessischen bei St. Goar,

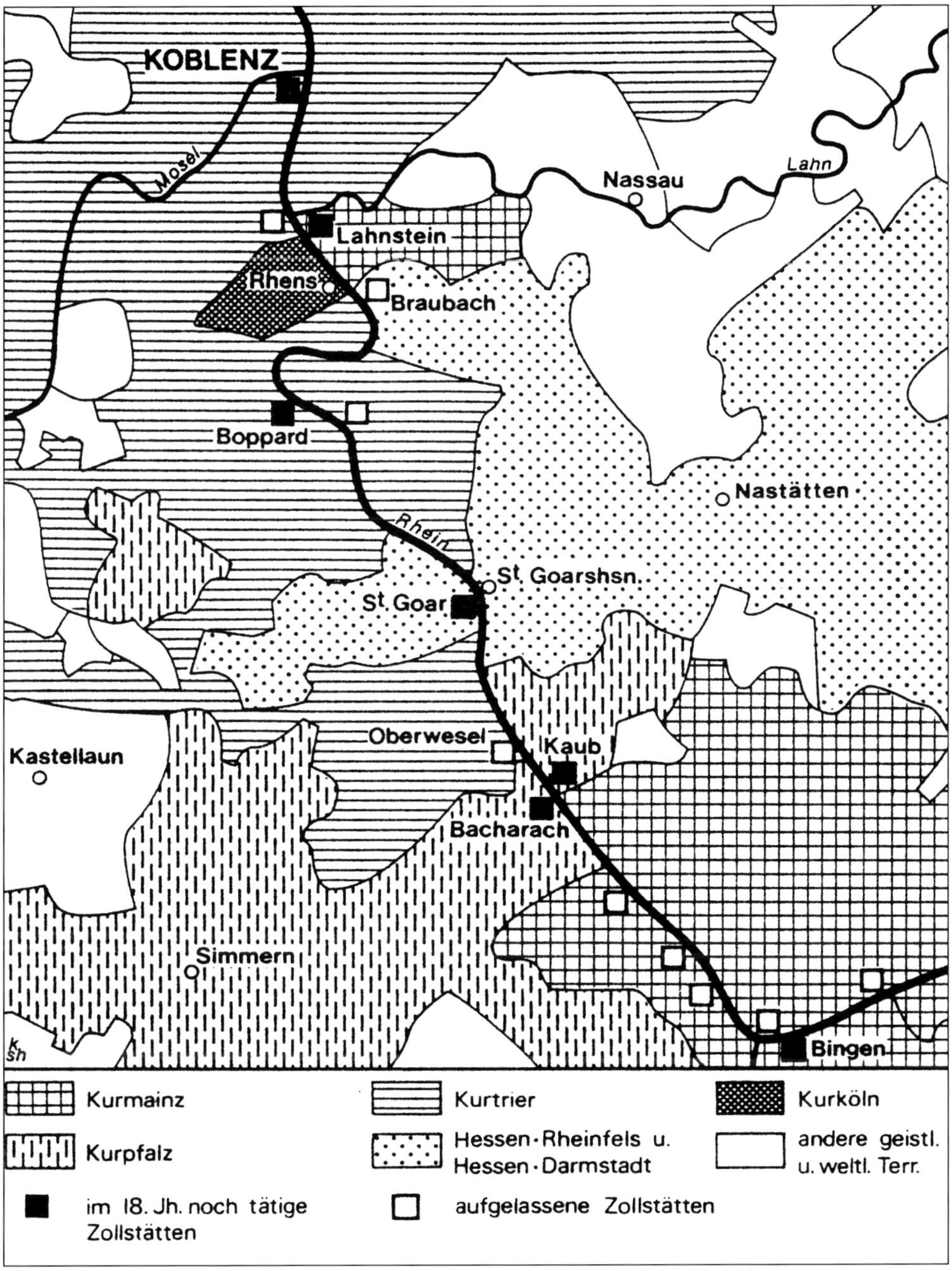


***18*** *Territoriale Gliederung und Zollstätten am oberen Mittelrhein, 1789. Die mittelalterliche Kleinteiligkeit des Rheintales ist schon zum großen Teil überwunden. (Quelle: Büchner 1984)*

der sich früher in der Hand der Grafen von Katzenelnbogen befand.

Nach dem Rückgang des gesamten Wirtschaftslebens und gerade auch des Fernhandels am Ende der Römerzeit hatte sich ja auch die Rheinschifffahrt nur langsam erholt. An die Stelle der Verbindungen mit dem Mittelmeergebiet, das man durch die Burgundische Pforte und die Rhone erreicht hatte, waren nun Handelsbeziehungen mit den Niederlanden und anderen Nordseeanrainern getreten, an denen friesische Kaufleute einen gewissen Anteil hatten. Damit verbunden waren freilich gewisse Kostenfaktoren und Abhängigkeiten. So gab es schon im 12. Jahrhundert 25 Zollstellen am Rhein und nach dem Dreißigjährigen Krieg waren es von Straßburg bis zur holländischen Grenze offiziell 32, darunter 13 zwischen Mainz und Köln. Angeblich bestritten mehrere Landesherren über die Hälfte ihres Einkommens durch solche Zölle.

Im 14. Jahrhundert soll der Erzbischof von Mainz den Hauptteil seines Staatshaushalts allein aus den Zolleinnahmen von Burg Ehrenfels (gegenüber von Bingen) gedeckt haben. Hinzu kamen die Stapelrechte mehrerer Städte, in denen die Kaufleute ihre Waren entladen und zum Verkauf anbieten mussten. Eine Krise für die ganze Region entstand aber im 16. Jahrhundert, als die niederländischen Generalstaaten den Rhein sperrten und die deutschen Kaufleute vom internationalen Handel weitgehend ausschlossen (Tümmers 1968).

Die Schiffe waren wohl im Durchschnitt kleiner als bei den Römern, doch die Technik der Fortbewegung änderte sich bis ins 19. Jahrhundert kaum: flussabwärts ließ man sich von der Strömung treiben, nur bei günstigem Wind unterstützt durch Segel. Da bei der Bergfahrt weder sie noch die Ruderkraft genügten, musste getreidelt werden, das heißt die Schiffe wurden durch Pferde oder Menschen an einer Leine (nach heutigen Begriffen wohl eher einem Seil) gegen den Strom gezogen (Abb. 19, 20). Dafür wurden am Ufer besondere Leinpfade angelegt, über deren schlechten Zustand es freilich zahlreiche Klagen gab, da einige Anliegerstaaten sich trotz hoher Zolleinnahmen nicht um die Reparaturen kümmerten. Manche der vor 200 Jahren ausgebauten Leinpfade bestehen aber noch immer und sind als Spazier- oder Radwege geschätzt, sofern sie nicht dem Bau von Uferstraßen für den Autoverkehr zum Opfer gefallen sind (Sauerbrei 1991). Früher wurden übrigens an besonders schwierigen Flussabschnitten, zumal bei Niedrigwasser oder längerem Eisgang, die Waren entladen und über Land transportiert. So wurde das Binger Loch auf dem langwierigen »Kaufmannsweg« von Lorch über den Rheingau-Taunus nach Rüdesheim umgangen (Cohausen 1874; Struppmann 1981).

Für das über lange Zeit wichtigste Massengut – Baumstämme aus dem Schwarzwald und anderen Mittelgebirgen der Oberrheinlande – bestand freilich kein Treidelproblem, da die Flöße am Zielort aufgelöst wurden und die Mannschaften zu Fuß in ihre Heimat zurückkehrten (Abb. 21, 22). Einen besonderen Aufschwung erlebte die Flößerei zur Blütezeit der Niederlande im 17. und 18. Jahrhundert, als dort der Bedarf an Holz zum Haus- und Schiffbau sowie für den Küstenschutz stark anstieg. Reisende jener Zeit, z. B. Joseph Gregor Lang (1798), waren beeindruckt von den mehr als 300 m langen und 50 m breiten Flößen, auf

***19*** *Darstellung des Treidelns auf einer Federzeichnung von Wenzel Hollar, 1636. Auf mühsam zu begehenden Treidelpfaden konnten schwere Lasten mit der Hilfe von Pferden stromauf gezogen werden.*

**20** *Leinpfad östlich von Eltville, heute ein beliebter Spazier- und Radweg. Die Leinpfade entlehnen ihren Namen der Treidelleine, dem Seil, mit dem vom Ufer aus die Schiffe von Pferden gezogen wurden (vgl. Abb. 19).*

denen Hunderte von Ruderknechten arbeiteten, die in mehreren Bretterhütten schliefen und verköstigt wurden. Noch 1856 erlaubte die Neckarfloßordnung eine Länge von 375 m, während mit dem steigenden Schiffsverkehr auf dem Rhein gegen Ende des Jahrhunderts die Abmessungen auf 240 x 64 m begrenzt wurden. In den 1890er Jahren trieben durchschnittlich 723 Flöße pro Jahr den Strom hinab, und 1960 wurden noch zehn, 1961 die letzten sieben Flöße gezählt. Für die Bevölkerung des Mittelrheins, mit Ausnahme einiger Flößerorte wie Kamp (-Bornhofen), Neuendorf bei Koblenz und Linz, brachte dieser Durchgangsverkehr freilich keinen Vorteil (Keweloh 1991; Statistisches Landesamt Rheinland-Pfalz, 1961).

Demgegenüber stammten in früheren Zeiten wichtige Handelsgüter aus den Einzugsbereichen des Mittelrheins, zum Beispiel Basaltmahlsteine aus dem Vulkangebiet der Eifel, Keramik aus dem Westerwald und – an erster Stelle – der Wein. Als Rückfracht dienten unter anderem Trockenfisch von der Küste, Holländer Käse, flandrische Tuche sowie aus Übersee importierte Gewürze.

Mit dem ständig steigenden Bedarf an Wein als Messwein und als Volksgetränk – schon 812 förderte Karl der Große den Weinabsatz durch Straußwirtschaften auf seinen Weingütern – und der damit verbundenen Ausweitung der Rebanlagen im hohen Mittelalter nahm der Weintransport nach Holland, Norddeutschland und England immer größere Formen an. Zwei Hauptumschlagsorte dominierten bis ins 17. Jahrhundert: Von Reinhartshausen im Rheingau verfrachteten die Eberbacher Mönche ihren Wein auf eigenen Schiffen zollfrei nach Köln, wo sie ein Weinkontor besaßen; und in Bacharach, das damals zum Kurfürstentum Pfalz gehörte, wurden von vielen Winzern jeweils geringe Erntemengen auf kleinen Booten aus der engeren und weiteren Region bis hin zum Oberrhein angeliefert und zu großen Fudern

***21*** *Ein großes Rheinfloß von 220 m Länge und 63 m Breite im Jahr 1913. Je nach Größe und Rheinabschnitt arbeiteten hier bis zu 600 Flößer.*

zusammengestellt, die stromabwärts verschifft wurden. Das trug neben den Zolleinnahmen zur Wohlhabenheit des Städtchens bei (Abb. 23). Deshalb wurde der Wein vom Mittelrhein lange Zeit als »Bacharacher« gehandelt. In England war er fast nur unter dieser Bezeichnung bekannt, während der Rheingauer als »Hochheimer« – in der englischen Kurzform »Hock« genannt – auf den Markt kam. Der folgende Reim brachte dies zum Ausdruck (Simrock 1975, S. 351):

> Zu Hochheim an dem Maine,
> Zu Würzburg auf dem Steine,
> Zu Bacharach am Rheine,
> Da wachsen edle Weine.

Tatsächlich hat der Weinbau als bedeutendstes Element mediterraner Kultur nicht nur die Jahrhunderte überlebt, sondern bis in unsere Tage Landschaft und Wirtschaft am Rhein ganz wesentlich geprägt. Aber auch hierbei gab es während der Völkerwanderung einen Niedergang, bis die fränkische Landnahme im frühen Mittelalter erneut zur Anlage dauerhafter ländlicher Siedlungen führte und nach den turbulenten Zeiten eine ruhigere Entwicklung einsetzte, die für eine solche Dauerkultur unabdingbar ist. Gefördert wurde die Landwirtschaft und besonders der Weinbau durch Mönchsorden, unter denen die Zisterzienser hervortraten. Sie gründeten ihre Klöster – wie Altenberg im Bergischen Land und Eberbach im Rheingau – meist in Talmulden und beteiligten sich am hochmittelalterlichen Siedlungsausbau, der beispielsweise auf den bewaldeten Höhen des Taunus noch heute in Form von typischen Rodungsinseln in Erscheinung tritt.

Eine überragende Rolle spielte das auch in seiner Bausubstanz großartige Kloster Eberbach, das unter direkter Beteiligung der Mönche von Clairvaux 1135 entstand (Abb. 25). Es fiel nach der Säkularisation an das Herzogtum Nassau, mit diesem an Preußen und schließlich an Hessen. Heute dient es – nach unterschiedlichen Nutzungen wie Gefängnis und Heilanstalt im 19. Jahrhundert – als staatliche Weinbau-Domäne

**22** *Noch in den sechziger Jahren des 20. Jahrhunderts wurden große Flöße rheinabwärts gesteuert. Das Manövrieren mit Rudern erforderte Geschicklichkeit, Erfahrung und zahlreiche Flößer, welche eine eigene kleine „Siedlung" mit Hütten, Küchen, Vorratslagern und allem Notwendigen »an Bord« hatten. Hier eine Aufnahme aus den dreißiger Jahren des 20. Jahrhunderts.*

des Bundeslandes Hessen sowie als wichtiger Anziehungspunkt für den Tourismus. Dieses und andere geistliche Güter haben immer wieder zur Qualitätssteigerung des Weinbaus beigetragen, da sie weniger als die kleinen Winzer von Preisschwankungen des Weines und der Grundnahrungsmittel sowie von Witterungseinflüssen und anderen Unbilden abhängig waren, sondern über die eigene Vermarktung relativ höhere Gewinne erzielen konnten (Gries 1969).

In diesen Rahmen gehört die Entdeckung der Spätlese. Sie kam dadurch zustande, dass im Jahr 1775 der reitende Bote, der von der Fürstabtei Fulda die Genehmigung zum Beginn der Weinlese an das Kloster Johannisberg überbringen sollte, aus einem heute nicht mehr bekannten Grunde aufgehalten wurde. Als er schließlich eintraf, hatte an den Reben bereits die sogenannte Edelfäule

**23** *Das Gasthaus »Altes Haus« in Bacharach.*

durch den Pilz *Botrytis cinerea* eingesetzt; und der daraus gepresste Most hatte einen unerwartet hohen Traubenzuckergehalt (später festgelegt als Mostgewicht von mindestens 85 Grad Öchsle), aus dem wiederum ein besonders hochwertiger Wein gekeltert werden konnte. Diese Erfahrung macht man sich seitdem systematisch zunutze (Götz 1987).

Schon seit dem 10. Jahrhundert hatte ja eine starke Erweiterung der Rebflächen eingesetzt. Sie war dem äußerst arbeitsaufwendigen Terrassenbau mit Trockenmauern aus dem anstehenden Gestein zu verdanken (Abb. 24). Dieser hat der Bevölkerung im Engtal erstmals eine bessere Wirtschaftsgrundlage gebracht, und die damit verbundene Kleingliederung der Steilhänge trägt bis in unsere Tage zum typischen Bild der Kulturlandschaft am Mittelrhein bei. Hiermit in engem Zusammenhang stand die Eichen-Niederwaldwirtschaft. Sie lieferte in erster Linie die notwendigen Pfähle zum Anbinden der Reben. Das übrige Holz wanderte zur Holzkohlegewinnung in die Kohlenmeiler, während das Tannin der Rinden als Gerbemittel eine große Nachfrage in der Lederproduktion hatte. Schließlich bildeten die Eicheln ein willkommenes Futter für die Schweine, die man im Herbst zur Weide in den Wald trieb. Um 1600 reichte der Weinbau weit über seine heutigen Grenzen hinaus.

**24** *Weinbergsterrassen wurden oft über Jahrhunderte hinweg geschaffen und unterhalten. Heute findet man an Stelle der arbeitsintensiven Bewirtschaftung vielerorts eine Nutzungsaufgabe und Verbuschung.*

**25** *Vom Kloster Eberbach im Rheingau gingen zahlreiche für den Weinbau und die Kellereitechnik wichtige Impulse aus.*

Er soll im Rheinland rund 300.000 Hektar eingenommen haben. Doch im Dreißigjährigen Krieg wurden große Flächen zerstört, die später nur teilweise wieder angelegt wurden. So sind heute nur noch etwa 75.000 Hektar vorhanden, wenn auch bei erheblich höheren Erträgen (Bassermann-Jordan 1923; Schäfke 1982; Götz 1987; Statistisches Landesamt Rheinland-Pfalz, Jahrbücher, z. B. 1992/93).

***26*** *Die traditionelle Form des Weinausbaus in Eichenfässern in tiefen Kellern, hier in Oberwesel.*

***27*** *Im Mittelrheintal waren Sektkellereien, wie hier bei Bacharach, durch die Versektung des Weines für Nebenerwerbswinzer eine wirtschaftliche Alternative, die Zeit und Kosten bei der Vermarktung sparen half.*

**28** *Weinlese in den weltberühmten Rieslinglagen des Steeger Tals um das Jahr 1950. Die Möglichkeiten der Mechanisierung sind in den Steillagen allerdings auch heute noch sehr begrenzt.*

## Strukturwandlungen im 19. und 20. Jahrhundert

Das 19. Jahrhundert begann mit einem grundlegenden Wandel, der zwar überall in Mitteleuropa spürbar wurde, aber das Rheinland in besonderer Weise berührte, da die linksrheinische Seite immerhin 16 Jahre lang (1797-1813) dem französischen Staatsgebiet einverleibt wurde (Abb. 30). Dies bedeutete trotz der Abschaffung vieler Zollstationen einen Rückgang des Verkehrs auf dem Rhein, der nun Grenzfluss war. Außerdem wurden im Rahmen des Oktroi-Vertrages von 1805 neue Steuern erhoben. Während der Kontinentalsperre (1806-1813) kam der Handel fast völlig zum Erliegen. Äußerst einschneidend war die Neugliederung im Mittelrheingebiet aber, weil im Rahmen des Reichsdeputationshauptschlusses (1803) nicht nur der Kloster- und Kirchenbesitz eingezogen, sondern die angestammten Territorien der mächtigen geistlichen Kurfürsten von Mainz, Köln und Trier völlig aufgelöst wurden. Sie wurden auch nach dem Wiener Kongress (1815) nicht wieder eingerichtet (Abb. 31). So kamen die Gebiete links von Rhein und Nahe sowie die nördlich von Koblenz gelegenen Bereiche rechts des Stromes als Rheinprovinz zum Königreich Preußen. Ihr Verwaltungssitz wurde Koblenz, wo der letzte Trierer Kurfürst 1777 bis 1786 ein großzügiges Schloss am Rheinufer errichtet hatte. Aus Sorge vor künftigen Auseinandersetzungen mit Frankreich wurde diese Stadt und insbesondere der gegenüberliegende, steil aufragende Felssporn von Ehrenbreitstein zu einem der stärksten Bollwerke Europas ausgebaut (Abb. 32).

Gleichzeitig verlor Mainz mit dem Erzbischofssitz auch seine Hauptstadtfunktion. Es kam mit der zwischen Nahe und Rhein gebildeten Provinz Rheinhessen zum neuen Großherzogtum Hessen-Darmstadt und wurde als Bundesfestung ebenfalls mit äußerst massiven Verteidigungsanlagen umgeben, in denen große preußische und österreichische Garnisonen stationiert wurden. Dadurch wurde die räumliche Ausdehnung der Stadt und ihre wirtschaftliche Entwicklung ausgerechnet zur Zeit der frühen Industrialisierung bis zum Ende des 19. Jahrhunderts erheblich eingeschränkt. Der ehemals

**29** *Schloss Johannisberg war, wie weite Teile des Mittelrheintales, dem Herzogtum Nassau zugehörig. In seinen Eigentumsverhältnissen spiegelt sich auch die wechselvolle europäische Geschichte wieder.*

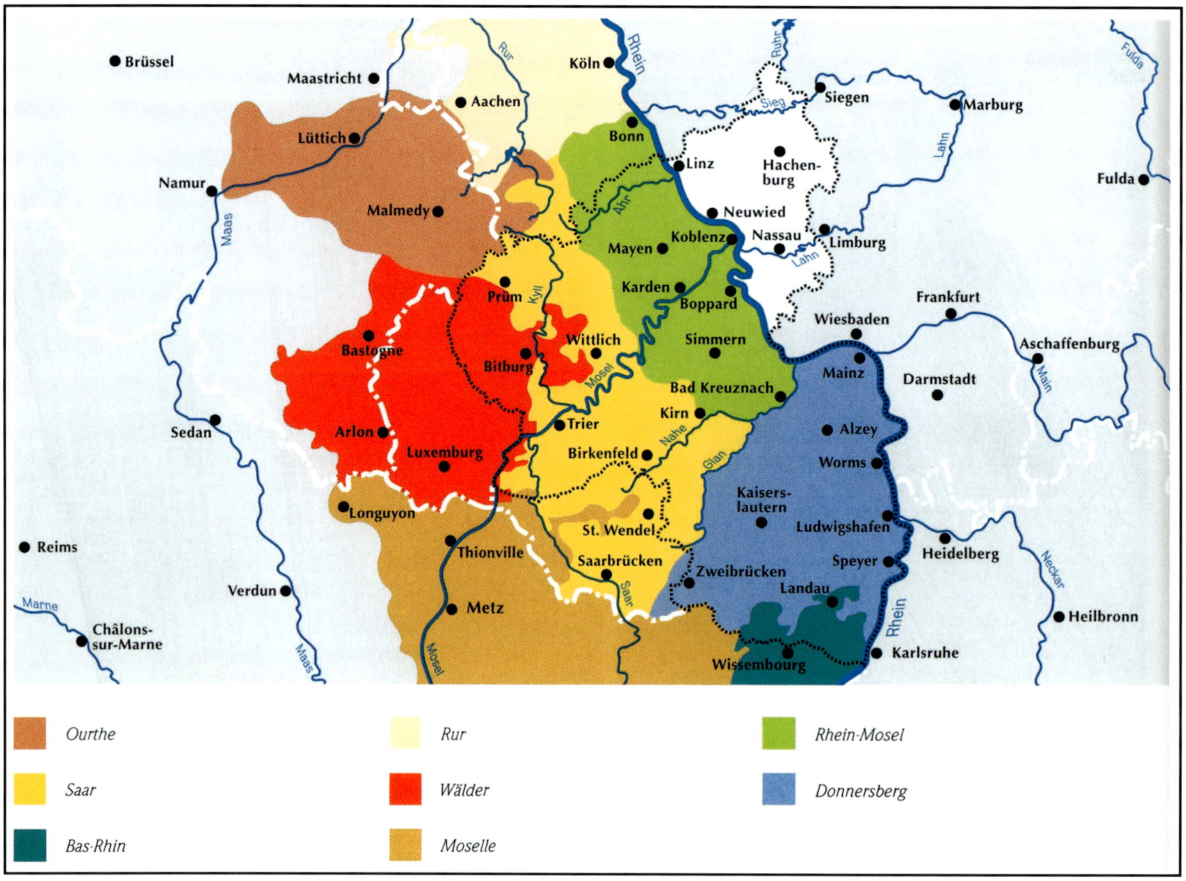


***30*** *Die französischen Départements an Rhein und Mosel mit Koblenz als Hauptstadt des Départements Rhin-et-Moselle. Knapp zwei Jahrzehnte lang prägte die französische Verwaltung das politische, wirtschaftliche und gesellschaftliche Leben.*

mainzerische Rheingau mit seinen guten Weinlagen und die nördlich anschließenden Gebiete des oberen Mittelrheins fielen an das Herzogtum Nassau mit der neuen Hauptstadt Wiesbaden und der Barockresidenz Biebrich. Sie gingen nach dem Preußisch-Österreichischen Krieg 1866 mit dem Kurfürstentum Hessen-Kassel und der freien Stadt Frankfurt ebenfalls an Preußen über. Das auf einer ausgeprägten Terrasse rund 100 m über dem Rhein gelegene Schloss Johannisberg war übrigens um 1106 als Benediktiner-Kloster gegründet, aber 1563 als solches aufgehoben und mit den zugehörigen Weinbergen lediglich in Form eines Hofgutes der Mainzer Erzbischöfe weitergeführt worden. 1716 übernahm die Fürstabtei Fulda das hochverschuldete Anwesen und ließ ein großzügiges Barockschloss bauen. Unter Napoleon gelangte es vorübergehend in die Hände des Marschalls Kellermann, danach in den persönlichen Besitz des österreichischen Kaisers, der es 1816 seinem Kanzler, dem Fürsten Metternich-Winneburg als Dank für sein Verhandlungsgeschick auf dem Wiener Kongress zum Geschenk machte.

## Die Dampfschifffahrt

Die neue politische Ordnung führte zusammen mit mehreren technischen Innovationen in wenigen Jahrzehnten zu entscheidenden Verbesserungen des Verkehrswesens längs der Rheinachse. 1816 fuhr das erste Dampfschiff auf dem Niederrhein bis Köln, und 1817 wurde Koblenz erreicht. Nachdem sich im Jahr 1825 der preußische König Friedrich Wilhelm III. durch eine Fahrt von Koblenz nach Köln von der Qualität des neuen Transportmittels überzeugt hatte, wurde 1827 mit Genehmigung des Innenministers in Berlin die Preußisch-Rheinische Dampfschiffsgesellschaft gegründet, die mit den beiden Dampfern »Concordia« und »Friedrich Wilhelm« in demselben Jahr schon rund 41.000 Passagiere beförderte. Sie fusionierte 1853 mit der 1838 in Düsseldorf entstandenen Dampfschifffahrts-Gesellschaft für den Nieder- und Mittelrhein zur Köln-

***31*** *Die Westgrenze des Deutschen Bundes von 1815. Das rechtsrheinische Mittelrheintal gehörte zum Herzogtum Nassau mit Sitz in Wiesbaden, das linksrheinische war Teil der Preußischen Rheinprovinz.*

Düsseldorfer Rheindampfschifffahrt (KD). Ihr Hauptkonkurrent war die schon 1823 etablierte niederländische Reederei Nederlandsche Stoomboot Maatschappij (NSM). Daneben gab es von Anfang an mehrere Firmen, die Teilstrecken des Mittelrheins mit Personenschiffen befuhren. Erstaunlich groß war das Interesse führender Kreise aus Kunst und Literatur. So waren an der Gründung der Kölner Gesellschaft nicht nur der Stuttgarter Verleger von Goethes Werken, Johann Friedrich Cotta, maßgeblich beteiligt, sondern auch die Brüder Boisserée, die um 1800 zu den bedeutendsten Kunst- und Literatursammlern in Deutschland gehörten. Und die Dichterin Annette von Droste-Hülshoff schilderte in einem Brief, den sie am 18. Oktober 1825 von Köln aus an ihre Mutter schrieb, die Probefahrt direkt nach dem Stapellauf des damals größten Rheindampfers »Friedrich Wilhelm« (Schulte Kemminghausen 1944; Abb. 33, 34).

Gegenüber den einfachen Frachtschiffen und den etwas komfortableren Personenbooten, die als »Yacht« oder »Wasserdiligence« bezeichnet wurden und bis zu 30 Fahrgäste befördern konnten, stellten die neuen Dampfer mit einer Kapazität von über 200 Passagieren (in vier Klassen), mehreren Reisewagen und Pferden sowie 1 200 Zentnern Fracht einen enormen Fortschritt dar, der dementsprechend in den höchsten Tönen gewürdigt wurde. So schrieb der Dichter Friedrich von Matthisson nach einer Fahrt mit der »Concordia« im »Morgenblatt für gebildete Stände« vom 16. Mai 1827 unter anderem:

**32** *Die Festung Ehrenbreitstein bei Koblenz, eines der stärksten Bollwerke Europas. Zeichnung (Ausschnitt) von William Turner*

»Man kann sich nichts Eleganteres und Bequemeres denken als dieses Dampfschiff... Für Alles ist gesorgt. Auch eine kleine Bibliothek steht dem Reisenden zu Gebote. Die Möbel sind so zierlich, wie man sie sonst nur in Palästen zu sehen gewohnt ist... Gegen Mittag waren wir vor Koblenz, wo das Zauberschiff eine Stunde lang Halt machte. Kaum war der fahrende Gasthof wieder im Fluge, als die Tischglocke geläutet wurde. Die Tafel war so bestellt, daß es mir vorkam, als hätten höhere Gewalten dem Frankfurter Schwan seine angeborene Schwimmnatur wieder gegeben. Angenehmer sich durch die Welt bewegen, als auf einem solchen Dampfschiffe, mag auch der lebhaftesten Phantasie kaum erträumbar sein!«

Dabei konnte er sich wahrscheinlich die Zustände in der vierten Klasse auch kaum vorstellen. Die 42,70 Meter lange und 4,88 Meter breite »Concordia« war übrigens 1825/26 von Moritz Roentgen, einem Nachkommen der berühmten Neuwieder Möbeltischler-Familie, völlig aus Holz gebaut worden. Ihre englische Dampfmaschine leistete 70 PS und legte mit hölzernen Schaufelrädern von 3,76 Metern Durchmesser stromaufwärts 10,5 Kilometer pro Stunde zurück. Sie transportierte schon im ersten Jahr ihres Linienverkehrs zwischen Köln und Mainz, das heißt auf 55 Fahrten von Mai bis Dezember 1827, insgesamt 14 113 Passagiere, 30 657 Zentner Fracht, 187 Wagen und 30 Pferde (vgl. Bündgen 1987).

Langfristig lag der Vorteil der Dampfschiffe in ihrer größeren Tragfähigkeit und Geschwindigkeit, vor allem bei der Bergfahrt, die ohne das umständliche Treideln mit eigener Kraft bewerkstelligt werden konnte. Doch wie bei vielen technischen Neuerungen führten auch hier die modernen Maschinen zur schärfsten Konkurrenz mit den vielen kleinen Schiffen der Kölner, Mainzer und

**33** *Salut für König Friedrich Wilhelm III. vom Dampfschiff »Concordia« 1825 in Koblenz vor Ehrenbreitstein.*

anderer Schiffergilden sowie schließlich zum Verlust dieses ganzen Gewerbezweiges. Andererseits wurde mit dem Bau der Schiffswerft Ruhrort der Gutehoffnungshütte im Jahr 1829 die Grundlage für eine bedeutende Industrie gelegt (Dresemann 1903; Bündgen 1987).

Mit zunehmender Schiffsgröße wurden freilich die Riffe im Flussbett, insbesondere auf der Strecke Kaub-Loreley und im Binger Loch, immer gefährlicher, weshalb man das Fahrwasser durch Sprengungen, Buhnen und andere Regulierungsarbeiten vertiefte und verbreiterte, eine Arbeit, die sich bis in die jüngste Zeit hinzog (Abb. 36, 38). Außerdem wurde der Verkehr durch Lotsen geregelt, die als eigener Berufsstand in einigen Städten einen nicht unwesentlichen Anteil an der Wirtschaftskraft der Gemeinden hatten. 1965 war der Höchststand mit 107 Lotsen in Kaub sowie je 40 in Bingen und St. Goar erreicht. Seitdem wurde die Fahrrinne zum größten Teil auf 120 Meter Breite und 1,90 Meter Tiefe erweitert, und der Lotsenbetrieb wurde eingestellt. Einen zusätzlichen Beitrag zur Verkehrssicherheit auf dem Strom leisten Radargeräte sowie ein neues Funksystem. Für die Zukunft wird übrigens eine durchgehende Tiefe von 2,10 Metern angestrebt, was aber bei den immer größeren Schiffseinheiten auch in Zukunft keine vollständige Ausnutzung der Kapazität erlauben wird (Wasser- und Schifffahrtsdirektion Südwest; Kimpel 1974; Kalweit 1991).

Einen für die damalige Zeit bemerkenswerten Weitblick bewiesen die Regierungen sämtlicher Rheinanlieger – nachdem sie sich immer wieder um den Ausbau der Leinpfade gestritten hatten – mit dem Abkommen über die Rheinschifffahrtsakte vom 3. März 1831, die den Fluss zum internationalen Gewässer erklärte und den Schiffen aller Nationen freie Fahrt auf dem Rhein zusicherte. Allerdings wurden Abgaben und Durchfahrtszölle ebenso wie die Stapelrechte von Köln und Mainz erst

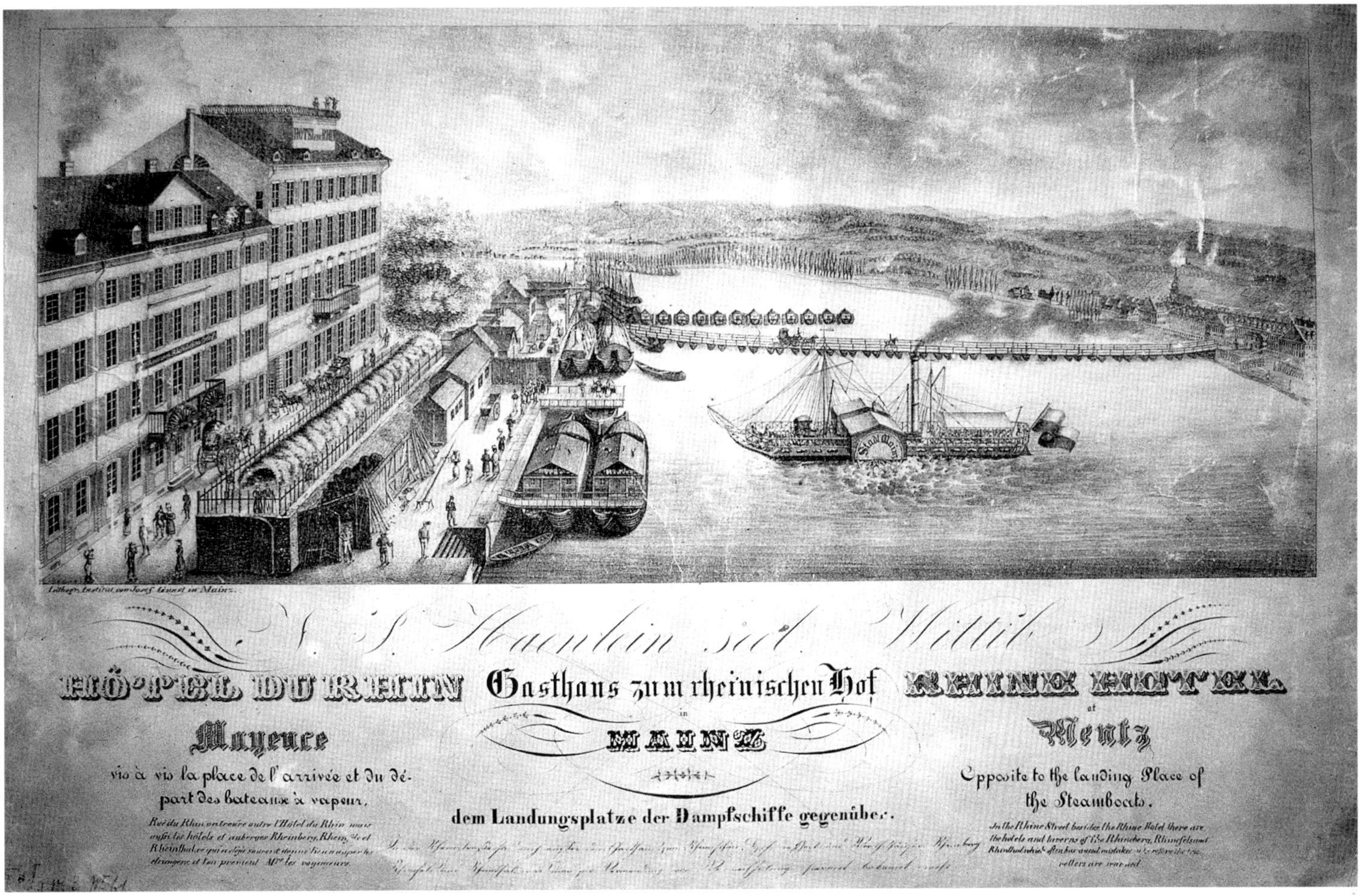


**34** *Dampfschiffe und Frachtkähne werben für das städtische Mainz, um 1840.*

**35** *Das Binger Loch nach dem Ausbau von 1994; im Vordergrund ist zwischen dem rechten Rheinufer und der Mäuseturminsel das neue Leitwerk erkennbar. Flurbereinigte Weinberge liegen gegenüber der Nahemündung.*

mit der Revision der Akte im Jahr 1868 endgültig aufgehoben (Schmitt 1991; Wirth 1996).

### Eisenbahn- und Straßenbau

Ebenso wichtig wie die Dampf- und Motorschifffahrt wurde der Bau der zweigleisigen Eisenbahnlinien an beiden Ufern des Rheins. Die linksrheinische Strecke von Mainz bis Köln wurde 1859 fertiggestellt, die rechtsrheinische bis Lahnstein drei Jahre später. Die sehr viel schnelleren und im allgemeinen auch bequemeren Züge brachten vor allem einen Vorteil für den Personenverkehr. Doch auch beim Gütertransport entstand eine Konkurrenz, da einzelne Waggons oder auch ganze Züge ohne Umladen vom Herkunfts- zum Zielort fahren konnten, z.B. mit Ruhrkohle zu den Lothringischen Eisenerzminen und mit Erz zurück an die Ruhr. Abgesehen davon konnte die Bahn im Gegensatz zur Schifffahrt praktisch unabhängig von jahreszeitlichen Witterungsschwankungen – wie Hochwasser, Niedrigwasser oder Eisgang – verkehren. Andererseits war das Schiff wegen der größeren Kapazität beim Transport von Massenschüttgut (Kohle, Erz, Getreide, Bausand usw.) überle-

**36** *Schiffsunglück am Mäuseturm bei Bingen im Jahr 1832. Die Riffe in der Fahrrinne des Mittelrheins erforderten früher besonderes Geschick und große Erfahrung der Kapitäne.*

***37*** *Ein modernes, komfortables Kabinenmotorschiff um 1966 vor der Pfalz bei Kaub.*

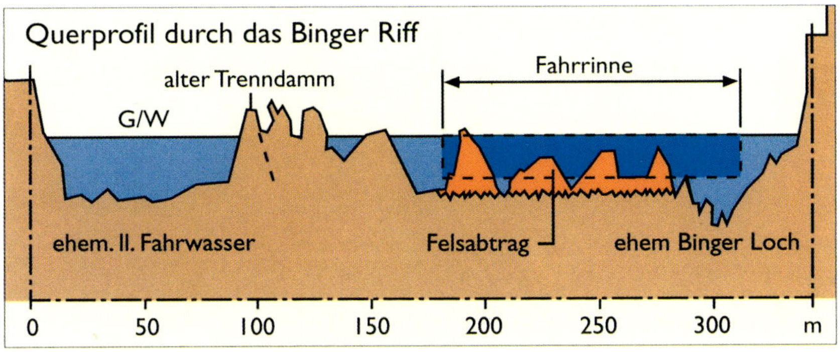


***38*** *Nach Sprengung der Felsriffe wurde das Fahrwasser im Binger Loch vertieft und verbreitert.*

gen; und diesen Vorteil konnte man durch die Schleppschifffahrt mit mehreren Kähnen noch erweitern. Schließlich versuchte man durch Senkung der Frachtpreise einen möglichst hohen Anteil der Gütermenge zu binden. Tatsächlich hat der Schiffsverkehr auf dem Rhein seit der zweiten Hälfte des 19. Jahrhunderts trotz der Konkurrenz erheblich zugenommen, da mit der Industrialisierung das Frachtvolumen insgesamt außerordentlich angestiegen ist, wobei zunächst Kohle und Stahl aus dem Ruhrrevier, dann Mineralölprodukte, die von Rotterdam in die Industriegebiete am Oberrhein transportiert wurden, den Löwenanteil ausmachten. Unter französischer Regie war bereits 1804 mit dem Bau der »Route Napoléon«, einer Landstraße links des Rheins begonnen worden, die etwa zwanzig

***39*** *Lotsen in Kaub. Der Beruf des Lotsen hatte bis in die sechziger Jahre eine hohe wirtschaftliche Bedeutung, sowohl für die Binnenschifffahrt als auch für die Arbeitssituation im Rheintal.*

Jahre später durchgehend befahrbar war. Ihr schlechter Zustand wurde freilich, ebenso wie die schwerfälligen und unbequemen Postkutschen, immer wieder beklagt (Tümmers 1968, S. 107). Außerdem hat sie, anders als die Eisenbahn, für den Frachtfernverkehr noch keine Rolle gespielt. Demgegenüber zog sich der seit 1866 geplante Ausbau des rechtsrheinischen Leinpfads zu einer festen Straße von Lorch über Assmannshausen nach Rüdesheim jahrzehntelang bis 1924 hin und erreichte den damaligen Standard einer »Reichsstraße« erst 1934. Immerhin wurde die Strecke von Biebrich (Wiesbaden) durch alle Ufergemeinden des Rheingaus nach Rüdesheim ebenfalls 1804 angelegt (Bausinger 1962, S. 37). Die Umgestaltungen des Verkehrswesens haben für das bis dahin recht beschauliche Mittelrheingebiet erhebliche Veränderungen mit sich gebracht, die mehr oder weniger direkt bis heute nachwirken.

**40** *Eines der ersten dampfbetriebenen Schiffe, hier mit Radantrieb, an der Pfalz bei Kaub. (Stahlstich um 1860).*

## Bergbau und Landwirtschaft

Insgesamt stellten sich nämlich die Lebensgrundlagen am Mittelrhein zu Beginn des 19. Jahrhunderts äußerst bescheiden dar, weshalb die zunehmende Bevölkerung ihr Heil in der Auswanderung suchen musste (vgl. u.a. Struck 1972).

Zu den wenigen bodenständigen Wirtschaftszweigen gehörten außer einigen Mineralquellen, Quarzit-Steinbrüchen (Abb. 41) sowie dem Abbau von Dachschiefer in Steinbrüchen und im Stollenbetrieb unter Tage bei Kaub je eine Blei-Silber-Zink-Lagerstätte bei St. Goar und Braubach (unterhalb der Marksburg) und die Eisen-Mangan-Gruben bei Waldalgesheim auf dem Soonwald, am Südostrand des Hunsrücks. Die Landwirtschaft war auf einem niedrigen Niveau, und der Weinbau hatte unter der fortschreitenden Realerbteilung, dem schwankenden Preisgefüge sowie zunehmenden Importen aus Frankreich zu leiden. Die neuen Regierungen von Preußen, Hessen und Nassau förderten daher die Anlage von Obstpflanzungen, vor allem von Kirschen (Abb. 42; vgl. Gries 1969; Hahn & Zorn 1973; Uthoff 1984).

Einen enormen Rückschlag erlebte die Weinwirtschaft aber gegen Ende des 19. Jahrhunderts durch die Reblaus (*Viteus vitifolii Shimer*), den Mehltau (*Oidium tuckeri Berk*) und die Peronospora (*Peronospora viticola de Bary*), die aus Amerika eingeschleppt wurden, wobei letztere bis heute die gefährlichste Pilzkrankheit der Europäer-Reben darstellt. Die dadurch verursachten ganz unterschiedlichen Schäden können zwar durch chemische Mittel, durch Aufpfropfen auf widerstandsfähige Amerikaner-Reben sowie durch spezielle Pflegemaßnahmen vermindert werden, bilden aber ein stetiges Risiko und erhöhen die Kosten (Götz 1987). Gleichzeitig kam mit der Einfuhr von Tannin aus Übersee sowie mit der Erfindung chemischer Gerbemittel die für die Winzergemeinden profitable Gewinnung der Gerberlohe aus dem Eichen-Niederwald zum Erliegen (Gries 1969).

**41** *Der Quarzitsteinbruch unter Burg Sooneck bei Trechtingshausen ist ein gewaltiger Eingriff in das mittelrheinische Landschaftsbild.*

**42** *Die Ausdehnung des Obstbaus und die Erweiterungen der Siedlungen, hier bei der Rheinschleife bei Boppard, werden aus der Vogelperspektive besonders deutlich.*

## Die Romantik als Grundlage des Rheintourismus

Unter diesen Voraussetzungen war jede wirtschaftliche Belebung willkommen, und tatsächlich hat das durch die romantischen Erzählungen ausgelöste Interesse an Rheinreisen einen wesentlichen Beitrag dazu geleistet, denn mit Hilfe der neuen Verkehrsmittel konnten sich seit der Mitte des 19. Jahrhunderts immer mehr Menschen diesen Wunsch erfüllen.

In früheren Zeiten war das enge Tal mit den schroff abfallenden Felsen, den dunkel bewaldeten Steilhängen und den gefährlichen Stromschnellen von vielen Reisenden als düster und unfreundlich geschildert worden, zumal die Durchfahrt, vor allem stromaufwärts, mehrere Tage in Anspruch nahm und durch häufige Aufenthalte an Zollstellen unterbrochen wurde. Da sich außerdem das Wetter nicht immer von der sonnigen Seite zeigte, ist es kaum verwunderlich, daß der Mittelrhein weithin in einem unheimlich-mystischen Licht erschien und Anlass zur Verbreitung schauriger Sagen bot, übrigens in ähnlicher Weise wie die Überquerung der als bedrohlich empfundenen Hochgebirgslandschaften der Alpen (vgl. Abb. 43).

**Literatur und Poesie**

Einen nüchtern-kritischen Bericht über seine von grauen Wolken und Regenschauern getrübte Rheinreise lieferte der damals schon berühmte Naturforscher Johann Georg Forster, der als Jakobiner die französische Revolution begrüßte und 1792/93 die kurzlebige »Mainzer Republik« mitbegründete. Ende März 1790 fuhr er in Begleitung des jungen Alexander von Humboldt zu Schiff von Mainz an den Niederrhein. Abgesehen von wenigen Aufhellungen, etwa bei der Fahrt durch das Binger Loch, das »durch einen zufälligen Sonnenblick erleuchtet« wurde, konnte ihn »die Nacktheit des verengten Rheinufers unterhalb Bingen« nicht begeistern; vielmehr fand er das Rheintal insgesamt eher »melancholisch und schauderhaft«, und auch die trotz ihrer Zerstörung immer noch prachtvollen, auf hohen Felsen thronenden Burgen, von denen ja noch keine restauriert war, konnten ihn in seinem Urteil nicht umstimmen. Freilich entgingen seinem durch weltweite Vergleiche geschärften Blick für gesellschaftliche und politische Zusammenhänge auch nicht die äußerst problematischen sozio-ökonomischen Zustände der Region. So beobachtete er aufmerksam die Armut und die lästige Bettelei der Einwohner von Bacharach und Kaub, die erstaunlicherweise dennoch zufrieden zu sein schienen. Verärgert notierte er aber die völlig unzulänglichen Übernachtungsmöglichkeiten. Zum Beispiel war in Boppard das einzige ordentliche Gasthaus besetzt, im zweiten waren alle Fenster eingeworfen, das dritte starrte vor Unrat und erst im vierten fand er für sich und seine Mitreisenden ein gemeinsames Lager in einer kalten Kammer (Tümmers 1968).

Auch Ernst Moritz Arndt, der im August 1799 von Köln nach Mainz reiste, beschrieb mit vielen Details, wie mühsam gelegentlich die Quartiersuche war und wie wenig man sich auf vereinbarte Reisepläne verlassen konnte, selbst wenn man zwischen vier und fünf Uhr früh aufbrach und erst bei Dunkelheit das Tagesziel erreichte. Zu den Schwierigkeiten gehörte beispielsweise das Fehlen geeigneter Treidelpferde. Kritisch setzte er sich unter anderem mit den Einflüssen der Franzosen in Koblenz auseinander. Einerseits wirkten die schlechten Sitten der Mitglieder des Hofstaates von Ludwig XVI. noch nach, die während der Revolution vom Kurfürsten, einem Onkel des französischen Königs, als Flüchtlinge in Koblenz aufgenommen worden waren, sich dort aber wie die Herren der Stadt aufgeführt hatten. Ebenso wenig gefiel ihm freilich die napoleonische Besatzung, wobei er betonte, dass er keineswegs die Franzosen als Einzelpersonen oder als ganze Nation verurteilte, sondern lediglich das Verhalten ihrer Truppen gegenüber den Einheimischen und übrigens auch gegenüber ihren eigenen untergeordneten Soldaten, die zum Teil monatelang ohne Sold geblieben waren. Recht anregend sind andererseits seine Schilderungen der jeweils wechselnden, bunt zusammengewürfelten Reisegesellschaft. Außerdem berichtete er ausführlich über das damals berühmte Echo am Loreley-Felsen, das später durch den Bahnbau zerstört wurde, während selbstverständlich von der uns geläufigen Sage noch nicht die Rede war (Schütz 1977, S. 16).

Wiederum anders fielen die Eindrücke und Empfindungen aus, die der aus Dresden stammende, weitgereiste Arzt und bedeutende Maler der Romantik Carl Gustav Carus während seiner Rheinreise im Jahre 1835 niederschrieb, nachdem er gleich nach seiner Ankunft in Bacharach die im Abendschein leuchtende Ruine der gotischen Wernerkapelle bewundert und von dort aus den Blick über die Stadt und die Rheinlandschaft genossen hatte (Abb. 44): »Gewiß, ich gestehe, ein so sonderbares, so neues, und doch so heimatliches Gefühl nie gehabt zu haben! Es war mir, als habe ich nun erst ein

***43** Bacharach, hier in einer Darstellung von James Burrel Smith von 1875, war Anlaufpunkt für den Handel, ebenso wie für Touristen, Reisende, Künstler und Literaten.*

Vaterland, mein Vaterland gefunden. – Hier ist ja dasselbe, was uns in Italien so mächtig ergreift: eine großartige Natur, ein weltgeschichtlicher Boden und bedeutende Monumente, in deren Fortbildung wie in deren Zerstörung mannigfaltige vorübergegangene Perioden einer großen Zeit ihre tiefsinnigen Lettern gegraben haben! – Ja, mir ist es mehr als Italien, denn es ist mein Land, es ist Deutschland« (zit. nach Tümmers 1968, S.11).

Diese für uns heute, aber gewiss auch für Forster und andere Vertreter der Aufklärung etwas überschwänglich klingenden Zeilen lassen sich nur verstehen, wenn man sich bewusst wird, dass die in jenen Jahrzehnten aufblühende Romantik nicht nur eine geistige Bewegung literarisch-künstlerischer Prägung war und auch nicht nur eine Zeit unbefangen offener Betrachtung der Natur und schwärmerischer Empfindsamkeit, sondern dass sie sich in einer der wichtigsten Phasen weltpolitischer Umbrüche abspielte, gekennzeichnet durch die frühe Industrialisierung, die amerikanische und die französische Revolution sowie die durch Napoleon ausgelöste territoriale Neugliederung Mitteleuropas, die mit der übertriebenen, wenn auch kulturell teilweise fruchtbaren Kleinstaaterei aufräumte. Die Idealvorstellungen der Romantik trugen allerdings zum zunehmenden Widerstand gegen die napoleonische Vorherrschaft mit ihrer immer stärkeren wirtschaftlichen Ausbeutung bei. Dieser Widerstand führte schließlich zu einer bis dahin nicht gekannten Volkserhebung in allen deutschen Regionen und damit zu einem Patriotismus, der im geschichtsträchtigen Rheinstrom, in seiner politischen Rolle, seinen Legenden und Mythen – vom »Vater Rhein« (Abb. 44) bis zur »Loreley« – eine wichtige Grundlage fand und nach dem Rheinübergang des Feldmarschalls Blücher bei Kaub in der Silvesternacht 1813/14 einen aufrüttelnden Impuls erfuhr (Abb. 46).

Bemerkenswert ist dabei, dass die meisten seiner Wegbereiter keine Rheinländer waren – diese standen den politischen Veränderungen eher indifferent gegenüber – sondern dass sie aus mittel- und ostdeutschen Gebieten stammten. Sie fanden sich zunächst in Jena zusammen, darunter Fichte, Novalis, Schelling, Schleiermacher, Tieck und vor allem Friedrich Schlegel, der auf seiner Reise nach Paris im Jahre 1802 zum ersten Mal an den Rhein kam, wo er nicht etwa zum Romantiker wurde, sondern die Gedankenwelt der Romantik verwirklicht fand, wenn er schrieb: »Von da [Koblenz] bis St. Goar und Bingen wird das Tal immer enger, die Felsen schroffer und die Gegend wilder; und hier ist der Rhein am schönsten. Überall belebt durch die

***44*** *Das Sinnbild der Rheinromantik: Ruine der Wernerkapelle oberhalb von Bacharach*

**45** *Gustave Dorés Holzschnitt »Vater Rhein« aus dem Jahr 1862 greift auf die Legenden des geschichsträchtigen Rheinstroms zurück.*

geschäftigen Ufer, immer neu durch die Windungen des Stroms und bedeutend verziert durch die kühnen, am Abhange hervorragenden Bruchstücke alter Burgen, scheint diese Gegend mehr ein in sich geschlossenes Gemälde und überlegtes Kunstwerk eines bildenden Geistes zu sein, als einer Hervorbringung des Zufalls zu gleichen.« Zur Erläuterung merkte er etwas weiter unten an: »Für mich sind nur die Gegenden schön, welche man gewöhnlich rauh und wild nennt; denn nur diese sind erhaben, nur erhabene Gegenden können schön sein, nur diese erregen den Gedanken der Natur«.

Ein anderer Mittelpunkt der Romantik war seit 1803 Heidelberg. Hier wurde eine ganze Reihe jüngerer Dichter von der Rheinbegeisterung ergriffen, wie z. B. Joseph von Eichendorff, Max von Schenkendorf, Ludwig Uhland, Fouqué u. a. aber auch der Jurist Friedrich Karl von Savigny, die Germanisten Jakob und Wilhelm Grimm sowie insbesondere Achim von Arnim, sein Freund Clemens Brentano und der in Koblenz geborene Herausgeber des »Rheinischen Merkur«, Joseph Görres, der nach einem Besuch in Paris vom Jakobiner zu einem drängenden Wortführer des Aufstandes gegen Napoleon geworden war.

Er wandte sich aber nach der Befreiung auch gegen das »bittere Preußentum«, das heißt die wenig einfühlsame Verwaltung der neu gebildeten Rheinprovinz, und trat für »die Erhaltung und ungehinderte Entfaltung der rheinischen Eigenart im preußischen Staate« ein, weshalb er 1819 nach Straßburg flüchten musste. Aus heutiger Sicht scheint die Einstellung mancher ostelbischer Beamten gegenüber der rheinischen Bevölkerung ähnlich fremd gewesen zu sein – man sprach sogar von den »eroberten Gebieten« im Westen – wie diejenige einiger Westdeutscher gegenüber der ehemaligen DDR nach der »Wende« von 1989; es dauerte Jahrzehnte, bis die positiven Aspekte der preußischen Bildungs- und Wirtschaftspolitik, insbesondere des Zollvereins, im Rheinland anerkannt wurden (Petri 1965).

Zum Heidelberger Kreis, der im schönen Stadtpalais der Gebrüder Boisserée – direkt unterhalb des Schlosses – einen Treffpunkt hatte, gesellte sich auch der Mainzer Historiker Niklas Vogt. Er verknüpfte schon zu Anfang des 19. Jahrhunderts die Beschreibung einer Rheinreise mit der Erzählung der örtlichen Sagen und Legenden

***46** Blüchers Rheinüberquerung bei Kaub zum Jahreswechsel 1813/14. (Gemälde von W. Camphausen, 1860).*

(Tümmers 1968, S.96). Darin verwendete er bereits die Geschichte von der schönen Loreley, die mit ihrem Sirenengesang vom hohen Felsen herab die Rheinschiffer betörte und damit ins Unglück stürzte. Dieses angebliche »Märchen aus alten Zeiten« war aber erst um 1800 von Clemens Brentano erdacht und in die Ballade »Zu Bacharach am Rheine« umgesetzt worden, die 1802 als Teil seines Romans »Godwin« veröffentlicht wurde, während frühere Legenden lediglich von Zwergen in den Höhlen des Felsens gesprochen hatten. Das Sujet diente einigen ernstzunehmenden Dichtern und weit mehr Epigonen als Vorlage für eigene Werke, wurde unzählige Male vertont – unter anderen von Robert Schumann, Franz Liszt, Johann Strauss, Max Bruch, George Gershwin – und allein zu etwa fünfzig Opern verarbeitet. Aber nur das Gedicht von Heinrich Heine (1823) hat überlebt und trat durch die kongeniale Vertonung von Friedrich Silcher (1838) seinen weltweiten Siegeszug an.

Die Rolle, die Heines »Loreley« sehr bald verkörperte, hat Wolfgang Minaty (1988) in folgenden Zeilen zusammengefasst: »Sie war einmal die Galionsfigur der deutschen Romantik. Sie wurde zum Erotikon deutscher Philister.« Das Lied nahm »bald den Rang einer Nationalhymne ein. Da war einfach alles drin, was man als Seelennahrung brauchte: Sehnsüchte, Seligkeit, Sentimentalität, ebenso Geheimnis, Rätsel, Mythologie und nicht minder Traurigkeit, Ergebenheit, Untergangsstimmung. Ob im Chor und mit Zylinder gesungen oder in lockerer Rheinweinrunde, Ergriffenheit stellte sich zwangsläufig ein«, zumal es außer den Übersetzungen in fremde Sprachen auch einige in deutsche

***47** Die Blücher-Gedenktafel gegenüber von Kaub erinnert an den Rheinübergang in der Silvesternacht 1813/14 bei der Verfolgung napoleonischer Truppen.*

**48** *Das Haus der Familie Brentano in Winkel. An diesem Ort fanden regelmäßig Zusammenkünfte eines Kreises bekannter Romantiker statt.*

Dialekte erlebte – darunter besonders treffend »Die sächsische Loreley« auf dem Bastei-Felsen an der Elbe in der sogenannten »Sächsischen Schweiz« oberhalb von Dresden – und es hat eine ganze Reihe von Kabarettisten und Karikaturisten zu gelungenen Persiflagen angeregt, die auf ihre Weise das Interesse an dem Lied und an der Landschaft wachgehalten haben. Sie wurden von W. Minaty (1988) in einer schönen Anthologie zusammengetragen.

Dass Clemens Brentano zum Urheber dieser Geschichte wurde, hatte wohl damit zu tun, dass er bis zu seinem elften Lebensjahr von einer Tante in Koblenz erzogen worden war und dort sowie auf mehreren Reisen zu seinen Eltern in Frankfurt den Mittelrhein und seine Sagenwelt zweifellos gut kennengelernt hat. Seine Familie fühlte sich übrigens mit den Rheinlandschaften so verbunden, dass sie 1804 das schöne Anwesen in Winkel im Rheingau erwarb, wo neben Goethe, Wieland und Beethoven auch einige der oben genannten Romantiker zu Gast waren (Abb. 48). Sie alle trugen mit ihren Gedichten und Balladen, den Sammlungen von Märchen, Mythen und Sagen zur Verbreitung eines romantisierten Bildes vom Rhein bei, das in über hundert Jahren zu einem werbewirksamen Klischee für die Vermarktung des Rheintourismus stilisiert wurde.

### *Der Handstand auf der Loreley*

*Die Loreley, bekannt als Fee und Felsen,*
*ist jener Fleck am Rhein, nicht weit von Bingen,*
*wo früher Schiffer mit verdrehten Hälsen,*
*von blonden Haaren schwärmend, untergingen.*

*Wir wandeln uns. Die Schiffer inbegriffen.*
*Der Rhein ist reguliert und eingedämmt.*
*Die Zeit vergeht. Man stirbt nicht mehr beim Schiffen,*
*bloß weil ein blondes Weib sich dauernd kämmt.*

*Nichtsdestotrotz geschieht auch heutzutage*
*noch manches, was der Steinzeit ähnlich sieht.*
*So alt ist keine deutsche Heldensage,*
*daß sie nicht doch noch Helden nach sich zieht.*

*Erst neulich machte auf der Loreley*
*hoch überm Rhein ein Turner einen Handstand!*
*Von allen Dampfern tönte Angstgeschrei,*
*als er kopfüber oben auf der Wand stand.*

*Er stand, als ob er auf dem Barren stünde.*
*Mit hohlem Kreuz. Und lustbetonten Zügen.*
*Man fragte nicht: Was hatte er für Gründe?*
*Er war ein Held. Das dürfte wohl genügen.*

*Er stand, verkehrt, im Abendsonnenscheine.*
*Da trübte Wehmut seinen Turnerblick.*
*Er dachte an die Loreley von Heine.*
*Und stürzte ab. Und brach sich das Genick.*

*Er starb als Held. Man muß ihn nicht beweinen.*
*Sein Handstand war vom Schicksal überstrahlt.*
*Ein Augenblick mit zwei gehobnen Beinen*
*ist nicht zu teuer mit dem Tod bezahlt!*

*P.S. Eins wäre allerdings noch nachzutragen:*
*Der Turner hinterließ uns Frau und Kind.*
*Hinwiederum, man soll sie nicht beklagen.*
*Weil im Bezirk der Helden und der Sagen*
*die Überlebenden nicht wichtig sind.*

Erich Kästner

## Briten und Franzosen

Die Vermarktung des Mittelrheintales selbst nahmen freilich zunächst die Briten in die Hand, die bis zum Ende der Kontinentalsperre (1806-1813) von Besuchen des europäischen Festlandes ausgeschlossen blieben. Um so mehr drängten sie jetzt nach einer Wiederbelebung der »Grand Tour« zu den Stätten des klassischen Altertums am Mittelmeer, die früher den jungen Adeligen vorbehalten war, nun aber auch dem kapitalkräftigen Bürgertum offenstand. Die Reise nach dem Süden führte auf dem einen Weg über Paris und Südfrankreich, auf dem anderen durch das Rheintal und über die Alpen, wo sie durch die zur gleichen Zeit in England konstruierten Dampfschiffe erleichtert wurde. Dabei sollte nicht vergessen werden, dass England seit Jahrhunderten den größten Teil seiner Weißweine vom Rhein importiert hatte und man nun die Weinberge in der Herkunftsregion sehen wollte.

Aber auch romantische Vorstellungen spielten schon früh eine wichtige Rolle. Das zeigen zum Beispiel – lange vor dem Erscheinen der Radierungen von Sutherland (1818-20) oder der Stahlstiche von Tombleson (1832) – das Buch »Views taken on or near the River Rhine« mit 32 Bildern, das der englische Pfarrer John Gardnor nach seiner Rheinreise 1788 veröffentlicht hat und das mehrere Auflagen erlebte (Abb. 49). Wichtiger war aber die von melancholischen Empfindungen geprägte Dichtung »Childe Harold's Pilgrimage« von Lord Byron, in der er die Natur und die Geschichte der Rheinlandschaft als ein Idealbild im Sinne der Romantik schildert, ohne damit eine landläufige Reisebeschreibung von Ort zu Ort zu bieten. Offenbar hat aber gerade diese Art der Darstellung das Interesse der gebildeten Gesellschaft für den Rhein gefördert, in der diese eine Bestätigung ihres vorgefassten Bildes zu finden hoffte. Übrigens unternahm Lord Byron seine Reise 1816 nur wenige Monate bevor das erste Dampfschiff den Rhein erreichte.

Ein Jahr später machte sich der damals schon anerkannte Maler Joseph Mallord William Turner (1775-1851) zum Schlachtfeld von Waterloo auf, wo britische und preußische Truppen 1815 endgültig Napoleon geschlagen hatten, und weiter nach Deutschland. Er legte den Hauptteil der Strecke von Köln bis Mainz in sieben Tagen (18. bis 25. August 1817) zu Fuß zurück, obwohl er je zwei Nächte in Koblenz und St. Goar blieb, zu mehreren der hoch gelegenen Burgen emporstieg und ständig neue Eindrücke in Skizzen festhielt. Von Bingen bis Mainz und für den Rückweg benutzte er dagegen das Schiff, was ihm an manchen Stellen andere Perspektiven bot. Von dieser und sechs weiteren Fahrten durch das

**49** *Die Ruine Stolzenfels vor dem Umbau: John Gardnor (1788) »Capellen«.*

Rheintal, die er bis 1844 unternahm, brachte er unzählige Zeichnungen, meist in sehr kleinen Formaten mit, die er im Laufe der Jahre zu Ölgemälden sowie vor allem zu unvergleichlichen Aquarellen ausarbeitete. Dabei machte er eine für seine Zeit ganz außerordentliche Stilwandlung durch, von eher konventionell-realistischen, sorgfältig gestalteten Landschafts- und Städtebildern, die zum Teil als Vorlage für detailgetreue Stahlstiche dienten, bis zu ungemein ausdrucksstarken Darstellungen, häufig desselben Motivs, die in ihrer unerwartet nuancenreichen Farbgebung schon einige faszinierende Züge des Impressionismus vorwegnahmen. Sie wurden freilich von der zeitgenössischen Kritik vielfach abgelehnt. Heute besteht jedoch kein Zweifel, dass Turner der bedeutendste Maler von Rheinansichten, wenn nicht von Landschaftsbildern überhaupt war (Abb. 50, 51, 53).

Eine gewisse Verwandtschaft zu Turner lässt der Autodidakt Victor Hugo (1802-1885) mit seinen Feder- und Tuschezeichnungen erkennen, obwohl er dessen Originale wahrscheinlich nicht gekannt hat, denn er reiste schon 1840 an den Rhein, bevor jene eine weite Verbreitung gefunden hatten. Auch Hugo hielt in seinen Feder- und Tuschzeichnungen alte Gemäuer und Felspartien häufig im Nebel oder Dämmerlicht fest und verdichtete sie zu phantastisch-visionären Stimmungsbildern, die nicht unbedingt die Wirklichkeit eines bestimmten Ortes wiedergeben. Gerade damit entsprachen sie aber der Gedankenwelt der Romantik (Abb. 52). Als Bewunderer der deutschen Kultur nahm er sich für die Fahrt von Köln nach Mainz viel Zeit (6. August bis 1. Oktober 1840) und verfasste darüber sein umfangreiches Werk »Le Rhin«, in das er ausführliche historische und politische Überlegungen einarbeitete.

Neben Alexandre Dumas, M. H. Xavier Marmier, Victor Tissot, Romain Rolland und anderen war er einer der nicht sehr zahlreichen Franzosen, die im 19. Jahrhundert den Rhein bereisten und sich von seiner Landschaft mehr oder weniger verzaubern ließen (vgl. Cohen 1926). Abgesehen davon, dass der Fluss von Frankreich aus, anders als für Briten oder Niederländer, keine direkte Durchfahrtslinie in südlichere Regionen ist, lag das wohl auch daran, dass man ihn seit jeher als natürliche Grenze betrachtete und der in dieser Auffassung begründete politische Konflikt gerade in jener Zeit sehr offen debattiert wurde. Auch Victor Hugo, einer der einflussreichsten damaligen Schriftsteller, vertrat diese Meinung, während

**50** *Das Mittelrheintal, hier auf einem Aquarell von William Turner von 1832, wurde mit seiner Burgenlandschaft häufig idealistisch stark überhöht dargestellt.*

er gleichzeitig vorschlug, dass Deutschland und Frankreich sich zusammenschließen und den Kern der künftigen »Vereinigten Staaten von Europa« bilden sollten.

Derartige Visionen waren freilich der damaligen Gesellschaft an beiden Ufern des Rheins noch völlig unverständlich, da man eher an die Bildung von Nationalstaaten dachte. So hat es weit über hundert Jahre mit drei großen Kriegen und zwei mehrjährigen Besetzungen gedauert, bis nach ersten Annäherungen in vorsichtigen Schritten die heutige Europäische Union entstehen konnte. Die Geschichte muss hier nicht nacherzählt werden.

Zu den positiven Seiten gehörte jedenfalls die schon genannte Rheinschifffahrtsakte, die den Strom 1831 zum internationalen Gewässer erklärt hat. Im Gegensatz dazu stand aber die leidige Grenzfrage, die mit der »Rheinkrise« 1840, dem Jahr, in dem die Gebeine

*51 William Turners »Rüdesheim, Blick auf das Binger Loch« aus dem Jahre 1817.*

Napoleons von St. Helena in das Panthéon in Paris überführt wurden, auf beiden Seiten heftige polemische Auseinandersetzungen sowie eine Welle von nationalistischen Reden, Pamphleten, Karikaturen und Gesängen ausgelöst hat (Abb. 56).

Sie fanden in Deutschland einen Nährboden in den studentischen Bewegungen, die in den Befreiungskriegen entstanden waren, sich aber im Wartburgfest (1817) und vor allem im Hambacher Fest (1832) gegen die zunehmende Willkürherrschaft der im Deutschen Bund versammelten Fürsten gewandt hatten und zeitweise verboten worden waren. Doch in der Grenzfrage verbanden sich alle Volksschichten in einem vaterländischen Aufschwung, der im Rheinlied von Nikolaus Becker »Sie

***52** Victor Hugo hielt auf mehreren Rheinreisen seine phantastisch-visionäre Sicht der mittelrheinischen Burgenlandschaft fest.*

***53*** *William Turner verstärkt in seiner Darstellung der Loreley den Eindruck von der Enge und Steilheit des Mittelrheintals. Allerdings wird der an dieser Stelle schnellströmende Rhein seenartig dargestellt (1817).*

sollen ihn nicht haben, den freien deutschen Rhein...« und mehr noch in der »Wacht am Rhein« von Max Schneckenburger seinen Ausdruck fand: »Es braust ein Ruf wie Donnerhall, wie Schwertgeklirr und Wogenprall: Zum Rhein, zum Rhein, zum deutschen Rhein, wer will des Stromes Hüter sein? Lieb Vaterland, magst ruhig sein, fest steht und treu die Wacht am Rhein.« Hierzu bemerkte der schwäbische Schriftsteller Thaddäus Troll im Jahr 1959: »... schade, daß ihm ein Ruf wie Donnerhall anhaftet. Denn er ist ein europäischer, ein wirklich verbindlicher Fluß« (Abb. 54, 55). Für das Rheinland hatte der Hurra-Patriotismus ebenso wie die Gesänge der studentischen Burschenherrlichkeit, die Rhein-, Wein- und Schunkellieder sowie die sentimentale Liebe-und-Leid-Poesie, die der Empfindsamkeit des Biedermeier entsprach, den entscheidenden Effekt, dass jedermann diese

***54*** *Spätromantische, sentimentale Idylle »Sommernacht am Rhein« bei Bacharach von Christian Eduard Boettcher aus dem Jahre 1862.*

vielbesungene, geheimnisumwitterte, historisch so bedeutsame und nun auch im nationalpolitischen Rampenlicht stehende Landschaft selbst erleben wollte. Der Mittelrhein wurde so auch für unzählige Deutsche zur ersten »top-destination«, wie man heute sagen würde, das heißt zu einer Frühform des Massentourismus. Dabei muss man bedenken, dass die Entfernung vom Rhein bis nach Schlesien oder gar Ostpreußen mit ihren bedeutenden Großstädten Breslau und Königsberg tausend und mehr Kilometer betrug, die Anreise also zur damaligen Zeit auch nach dem Eisenbahnbau noch ein bis zwei Tage dauerte.

***55*** *Eine Gesellschaft von Studenten bei einer Fahrt auf dem Rhein. »Lustige Rheinfahrt« von C. J. N. Scheuren, 1839.*

***56*** *Flugblatt aus den Jahren 1840/41, das die Auseinandersetzungen und Spannungen zwischen Frankreich und Preußen um die Rheingrenze thematisiert.*

## Neumittelalterliche Architektur

Die alten Geschichten und die neue Geselligkeit konnten jedoch so recht nur zur Wirkung kommen, wenn sie einen angemessenen Rahmen, ein passendes »Ambiente« fanden, in dem man sich selbst mit ihnen identifizieren konnte. Offenbar reichten die zufällig vorhandenen Felspartien, die Burgruinen oder die Reste von Stadtmauern dafür allein nicht aus, denn die Romantik ging mit neuen Ideen der Bau- und Landschaftsgestaltung darüber hinaus. Und wiederum waren Briten an der Auslösung dieser Strömung wesentlich beteiligt. Anders als auf dem Kontinent hat man in England seit dem 12. Jahrhundert nie aufgehört, gotisch zu bauen und zu restaurieren. Und etwa hundert Jahre früher als in Deutschland kam es dort zum »gothic revival«, das heißt zur Anwendung gotischer Architektur beim Neubau von Herrenhäusern, wobei man sich teilweise auf die Fassadengestaltung beschränkte, aber auch Innenräume im entsprechend nachempfundenen Stil schuf. Als berühmtestes Beispiel hierfür gilt das 1748 bis 1777 errichtete Schloß Strawberry Hill, südlich von London. Dabei spielte nach den Einflüssen des Barock und des Klassizismus die verstärkte Rückbesinnung auf Überlieferungen des Mittelalters eine Rolle, die unter anderem in den Sammlungen von Sagen und Volksmärchen ihren Niederschlag fand.

Unter den gegebenen Verhältnissen ist es kaum verwunderlich, dass einige der entscheidenden Bauwerke deutscher Neugotik am Rhein entstanden, wobei die Fertigstellung des Kölner Doms eine Sonderstellung einnahm. Von 1248 bis 1560 waren im wesentlichen der Chor und etwa ein Drittel des Südturms errichtet worden – mit dem Kran in 59 Meter Höhe für jene Epoche ein durchaus beachtliches Bauwerk –, als zu Beginn des 19. Jahrhunderts die ideelle Auseinandersetzung um den Weiterbau begann, an der sich zahlreiche Geistesgrößen der damaligen Zeit beteiligten und die von dem Kunsthändler Sulpiz Boisserée besonders vorangetrieben wurde. Die Grundsteinlegung erfolgte am 4. September 1842 durch den preußischen König Friedrich Wilhelm IV.; die Weihe wurde 1880 im Beisein von Kaiser Wilhelm I. vorgenommen, nachdem der Dom zu einer Art Nationaldenkmal geworden war und immerhin zwei Drittel der Kosten durch Dombauvereine und -lotterien aufgebracht worden waren, während der Staat den Rest finanziert hatte. Fortan galt die Gotik als führender Kirchenbaustil, ja als typisch deutsch schlechthin, obwohl sie doch ihren

***57*** *Die Ruine Stolzenfels vor dem Umbau im Jahre 1836. C. Frommel (um 1840)*

*__58__ Der Pergolagarten der Burg Stolzenfels war Teil der höfischen Wohnkultur, die nach dem Ausbau durch Karl Friedrich Schinkel zum Vorbild für den Wiederaufbau anderer Burgen am Mittelrhein wurde.*

Ursprung ausgerechnet in Frankreich hatte und direkte Einflüsse aus England offensichtlich waren.

Erstaunlich, wenn auch symptomatisch für den Wandel der Zeit, ist freilich die Tatsache, dass Karl Friedrich Schinkel (1781-1841), der als Mitarbeiter und seit 1815 Leiter der preußischen Staatsbauverwaltung in hohem Maße für die klassizistische Prägung von Berlin, aber auch für die Rheinprovinz verantwortlich war, gleichzeitig zu den Vorreitern der Neugotik und damit des Historismus gehörte. Schon 1810 entwarf er im gotischen Stil eine Grabkapelle für Königin Luise und 1816 einen preußischen Nationaldom für Berlin. Beide kamen allerdings nicht zur Ausführung. In seiner amtlichen Funktion wirkte Schinkel jedoch indirekt auf das Bauwesen im Rheinland ein, und dabei entstanden zwei wichtige Werke der frühen Neugotik. So hat Ernst Friedrich Zwirner, ein Schüler Schinkels, vor seiner Berufung zum Kölner Dombaumeister die Wallfahrtskirche St. Apollinaris über Remagen mit ihren vier schlanken Türmen gebaut. Noch bedeutsamer wurde die Rekonstruktion der Ruine Stolzenfels, die König Friedrich Wilhelm IV. noch als Kronprinz 1823 von der Stadt Koblenz als Geschenk erhalten hatte. Er ließ sie 1836 bis 1842 nach Plänen von Schinkel wiederaufbauen (vgl. Abb. 57, 58, 59). Ihr fortifikatorisches Mauerwerk diente nicht mehr der Verteidigung, sondern bildete lediglich den architektonischen Rahmen für ein »den Bedürfnissen der jetzigen Zeitverhältnisse entsprechendes, vollständiges Ganzes«, das heißt für eine höfische Wohnkultur, die

*__59__ Louis Salomon Hymans farbige Lithografie von Burg Stolzenfels vermittelt den Eindruck eines verwunschenen Märchenschlosses (um 1860).*

***60*** *Burg Reichenstein, am Eingang des Morgenbachtals bei Trechtingshausen gelegen.*

eine gewisse Bequemlichkeit nicht ausschloss, zumal sie Gärten, Arkaden, Aussichtsterrassen und große Fenster zur Rheinseite umfasste (Abb. 58, 59). Wie sehr dieser »Romantiker auf dem Thron« von der Ideenwelt seiner Zeit angetan war, geht unter anderem daraus hervor, dass er am 14. September 1842 »mit großem Gefolge, alle 'in altdeutscher Tracht', mit einem Fackelzug« im Schloss einzog und häufig wiederkehrte (Baur 1981). Stolzenfels bot also ein Vorbild für neumittelalterliche Burgen wie Hohenzollern und Neuschwanstein, aber auch Rheinstein, Reichenstein, Sooneck und andere bei Trechtingshausen, deren Wiederaufbau zum Teil ebenfalls durch die preußische Königsfamilie und unter Beteiligung von Schinkel erfolgte (Abb. 60, 61, 62; vgl. Schäfke 1982).

***61*** *Die alte Mainzer Zollstation »Neu Rheinstein«. Stahlstich um 1840.*

***62*** *Burg Rheinstein auf einer Aufnahme um 1930. Der neuzeitliche Ausbau der Burg, die Errichtung einer Kapelle und eine stärkere Bewaldung der Hänge sind deutlich erkennbar (vgl. Abb. 61).*

## Die Anfänge des Fremdenverkehrs

So sehr die Werke von Literaten und Künstlern, die hier nur in sehr begrenzter Auswahl vorgestellt wurden, das Interesse an künftigen Rheinreisen wecken oder auch die Erinnerung an das Gesehene wachhalten konnten, so wenig waren sie für den Ansturm der Touristen geeignet, die mit weniger Vorkenntnissen und weniger Muße ihre Fahrtroute planen und unterwegs organisieren mussten. Daher öffnete sich in jenen Jahren ein äußerst aufnahmefähiger Markt für praktische Reisehandbücher, und zwischen 1814 und 1856 wurden allein 120 über den Rhein publiziert, denen nur 40 über die Donau, 25 über die Elbe und sechs über die Weser gegenüberstanden (Engelmann 1858; Tümmers 1968, S. 96). Eine bemerkenswerte Aussagekraft erreichte trotz bewusster Überzeichnung des Maßstabs das von F. W. Delkeskamp um 1825 entworfene »Rheinpanorama«. Es handelt um sich die dreidimensionale vogelschauartige Zeichnung des Rheinlaufs zwischen Bingen und Koblenz, die mit großer Exaktheit die Sehenswürdigkeiten an beiden Ufern zeigt und doch hohen künstlerischen Ansprüchen genügt (Abb. 63). Es wurde zum Vorlaufer der heute noch beliebten, als Leporello gefalteten und in vielen Sprachen angebotenen Darstellungen, die zwar mehr Einzelinformationen enthalten, aber leider sehr viel an Qualität vermissen lassen.

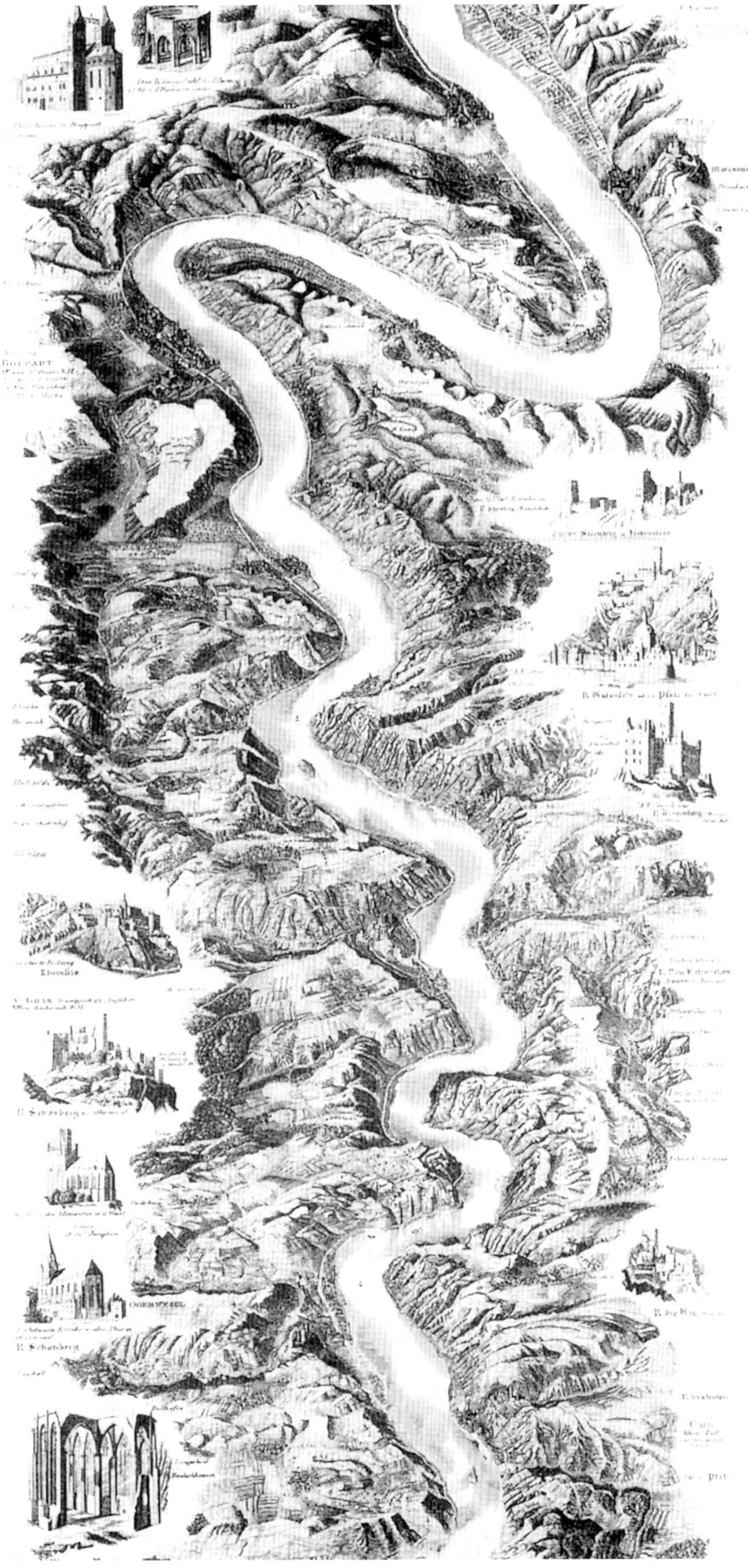

***63*** *Ausschnitt des Leporellos »Neues Panorama des Rheins und seiner nächsten Umgebung von Mainz bis Coeln« von 1840 mit Stahlstichen von Friedrich Wilhelm Delkeskamp. Es war Wegbereiter für die in der Folgezeit unzähligen, bei Rheinreisenden beliebten Faltkartendarstellungen. Diese waren eine neue Form der Wissensvermittlung, speziell abgestellt auf die Bedürfnisse von reisenden Kurzzeittouristen. Die Leporellos beförderten den Tourismus wie auch das Verlagswesen und die für die Illustration der Werke arbeitenden Künstler allgemein.*

Den Anfang von Reiseführern im engeren Sinne machte neben einem Versuch von Aloys Schreiber aus dem Jahre 1812 und J. A. Demians »Neuestes Handbuch für Reisende auf dem Rhein und in den umliegenden Gegenden« von 1820 wiederum eine englische Publikation, nämlich »The Traveller's Complete Guide through Belgium and Holland ... with a Sketch of a Tour in Germany« von Charles Campbell, das 1817 in 2. Auflage erschien. Eine weite Verbreitung erreichte auch John Murray's »Red Book« für Holland, Belgien und das Rheinland von 1836. Dabei beruhte das Interesse vieler Briten an Belgien wohl überwiegend an einer Besichtigung der Schlachtfelder von Waterloo, denn der Sieg über Napoleon lag gerade erst zehn bis zwanzig Jahre zurück, während eine direkte Schiffsreise von der Rheinmündung aufwärts vor dem Bau der Eisenbahn erheblich bequemer gewesen wäre.

Höchste Anerkennung erzielte unter den Autoren einschlägiger Bücher der heute ganz unbekannte Johann August Klein, der 1828 die »Rheinreise von Mainz bis Cöln; ein Handbuch für Schnellreisende« veröffentlichte, ein Jahr nachdem der regelmäßige Dampfschiffverkehr aufgenommen worden war.

Es enthielt 12 Lithographien von J. A. Lassinsky und wurde schon 1829 in französischer Sprache herausgegeben. 1832 übernahm Karl Baedecker den Koblenzer Verlag von Fr. Röhling. Dazu gehörte dieses Werk, das ständig ergänzt und überarbeitet wurde und schließlich die »Rheinlande von der Schweizer bis zur Holländischen Grenze« umfasste. Bis heute sind – teilweise in veränderter Form – insgesamt 48 Auflagen und Nachdrucke erschienen, einige auch in Englisch oder Französisch. Sie bildeten aufgrund ihrer Genauigkeit die Basis für den Erfolg dieses weit bekannten Reiseführerverlages, der selbstverständlich eine große Zahl von Konkurrenten fand, denn die Nachfrage nach zuverlässigen Informationen stieg mit dem enormen Zuwachs der Touristenzahlen entsprechend an.

So bemerkte der Reiseschriftsteller Karl Simrock: »Nirgends ist der Völkerverkehr lebendiger; die stündlich abgehenden Schnellposten mit ihren Beiwagen, die goldglänzenden Dampfschiffe, vor deren umgeschwungenen Rädern der Strom nicht zur Ruhe kommt, die Eisenbahnen, die ihn auf beiden Ufern begleiten, die geräumigen, mit der verschwenderischen Pracht der Paläste eingerichteten Gasthöfe wissen die Menge der Reisenden nicht fortzuschaffen, die Zahl der Fremden nicht unterzubringen. Man ist nicht mehr in Deutschland, man fühlt sich in der großen Welt.« Welch ein Unterschied zu den oben erwähnten Klagen früherer

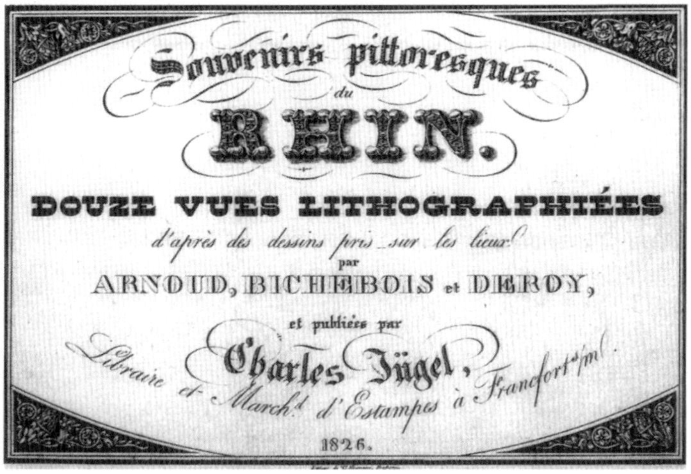


***64*** *Titelbild für zwölf lithografische Ansichten des Rheins. Ein Beispiel für die Vielzahl damaliger typografischer und kalligrafischer Arbeiten, welche als Souvenirs weite Verbreitung fanden.*

Reisender! Und er fährt fort: »Reisebücher, Karten, Panoramen, malerische und plastische Darstellungen, ... Sagensammlungen in Versen und Prosa, und tausend andere Reisebehelfe sind ... in solcher Fülle zu Kauf, daß zwischen Mainz und Köln kaum ein Haus, ein Baum gefunden wird, der nicht schon eine Feder oder einen Grabstichel in Bewegung gesetzt hätte. Diese Gegend ist so vielfältig beschrieben, abgebildet und dargestellt, daß man zuletzt das Postgeld schonen und sie mit gleichem Genuß in seinen vier Wänden bereisen kann.«

Dies alles wurde geschrieben 1851, lange bevor Film, Diaprojektor und Video erfunden waren. Mit »Postgeld« war übrigens das Fahrgeld für die Postkutsche gemeint.

Dass mit dem Dampfschiff wirklich der erste Schritt zum Massentourismus getan wurde, damit jedoch nicht nur positive Seiten verbunden waren, zeigt die hier auszugsweise wiedergegebene drastisch-humorvolle Beschreibung von Ludwig Rellstab (1860) über eine Fahrt von Mannheim nach Bonn im Jahr 1835: »Man läßt mich auf der schmalen Brücke passieren ... Wo nehmen wir nun am besten Platz? Wo ist unser Gepäck? Trostlos werfen wir die Blicke umher, denn jedes Plätzchen ist schon besetzt; nur dicht bei der Hölle, wo die Dampfröhre glüht und der Ruß uns in fünf Minuten einpudert, sind noch einige Sitze frei – allein, da mag der Teufel sitzen. Noch habe ich die Hoffnung, mir aus Koffern und Mänteln eine Reiseottomane zu bereiten. Aber, wie diese erreichen? Alle Hausknechte Mannheims

***65, 66*** *Impressionen von Schiffsreisen. Lebensbilder der bildungshungrigen und trinkfreudigen Touristen an Bord der Raddampfer.*

haben ihre Karren auf einen Haufen umgestülpt ... und jeder kehrt das unterste zu oberst, um seinen Bettel von Habseligkeit herauszurupfen ... Zank, Geschrei, die Glocke läutet zur Abfahrt, die Maschine ruckt an, das Schiff fängt an zu dröhnen und zu zittern ... Endlich brausen die Räder, die Schaufeln peitschen den Strom, das Schiff bewegt sich vorwärts ... Ich hatte auf der Kajüte, inmitten des Schiffes einen guten Platz erwischt, wo Schatten, Luft und Aussicht zu haben waren, die letztere aber nur, bis sich eine Mauer von stehenden Unseligen um mich herzieht und mich absperrt wie das chinesische Reich. Also das sind die wundervollen Rheingegenden? Diese breiten Rücken von Engländern, Holländern und Franzosen sollen mir statt der Bergrücken gelten, und diese Hüte, Filze und Kappen auf harten Schädeln statt der Burgen, Schlösser, Landhäuser und Kapellen auf steilen Felsen? – Ein herrlicher Tausch! Gott segne die Erfindung der Dampfschiffahrt!... ›Der Johannisberg! Da ist der Johannisberg!‹ Wo? Jener grüne Rücken mit dem weißen glänzenden Schlosse! Ich sah auch einen grünen Rücken, aber mit einem weißen Filz darauf; beides gehörte einem dicken Holländer, der wie eingerammt vor mir stand. ›Mein Herr!‹ ›Myn Heer?‹ ›Erlauben Sie mir wohl einmal Ihren Arm?' ›As ye beleeft, Mynheer, ja well!‹ ›Bitte ergebenst! Haben Sie nur die Güte, den Ellenbogen zu krümmen und die Faust in die Seite zu stemmen, damit Ihr Arm eine Öse bildet. Meine Frau, die eine Rheinreise macht, um die schönen Gegenden kennen zu lernen, wünscht gern den Johannisberg zu sehen.‹ Der Mann war gutmüthig wie alle Holländer; er krümmte seinen Arm zu einem recht geräumigen Fenster, und wir konnten durch dasselbe einen Teil des Johannisberges recht reizend liegen sehen... Wir kamen nun ans Binger Loch. Ich durchbrach die Mauer, welche die englisch-französisch-holländisch-deutsche Quadrupelalliance um uns gezogen hatte. Noch viel früher war aber schon mein Platz occupirt worden, denn ich hatte mich noch nicht zwölf Zoll darüber erhoben, als schon der Holländer, dem wir den Johannisberg verdankten, Arrest darauf legte... Wir schossen wie ein Pfeil zwischen Bingen und Rüdesheim hindurch. ›O wie herrlich liegt Schloß Rheinstein!‹ - Wo? – ›Hier dicht vor uns! Nein, jetzt liegt es über uns! Jetzt hinter uns – jetzt ist es verschwunden!‹ ... O, wie genießt man eine schöne Gegend auf dem Dampfschiffe! Und ging es uns besser mit Falkenstein, Stahleck, Rheineck, mit der Katz und Maus, und wie die Felsennester alle heißen? Als ich mir Bingen recht betrachten wollte, war ich schon in Caub, und während ich die Rheinpfalz ein wenig beschaute, schrie es hinter mir schon: ›Der Lurley, der Lurleyfels!‹ Ich wollte die Lore Ley, diese berühmte Fey und Rhein-Armida, sehen, das Echo hören, allein bevor ich dazu kam, war ich schon in St. Goar! – So viele Schlösser, Städte, Flecken am Rhein, so viele Stoßseufzer richtet ein Dampfschiffreisender zum Himmel über alle die schönen Punkte, die er nicht sieht. Ich schätze die Zahl nach Delkeskamps Panorama auf 999, von Bingen bis Bonn. Da man in 7 Stunden dahin fährt, so kommen auf jede Stunde noch nicht einmal 150, also nicht viel mehr als 2 in einer Minute, sowohl Schlösser und Orte als Seufzer, das läßt sich noch aushalten. Es erquickt einen Reisenden daher nichts mehr, als die Nachricht, daß zu Tisch gegangen werden soll. Doch hätte ich bisher nur Lobpsalter angestimmt, jetzt müßten sie in die Molltonart der Jeremiaden ausweichen. Denn stellt euch vor, was daraus entstehen muß, wenn die Masse von Reisenden, die auf Verdeck und in der Kajüte nicht Raum hatten, plötzlich in der letzteren allein untergebracht werden und dabei noch essen soll. Die Gesellschaft wird erst aus der Kajüte hinaus- und die Treppe hinaufgeworfen, damit gedeckt werden kann, dann stürzt sie von selbst wieder hinein (Abb. 67). Unten sitzt jeder halb auf seines Nachbars Schoß ... bei gelinder russischer Badehitze von 45 Grad und atmet die frische Luft, die ihm transpirierende Tischgäste und ein Dutzend dampfender Schüsseln bereiten, recht behaglich ein. Wenn er von dem Braten noch nicht erstickt ist, so kann er mit Caesars Glück prahlen, denn ein Fenster wird nicht geöffnet, weil die kalte Zugluft von 22 bis 25 Grad, die von draußen hereinkäme, einem Polarwinde zu vergleichen wäre für den hektisch-rheumatischen Zustand einiger Fräuleins und Brunnengäste aus Wiesbaden.

Das Dampfschiff legt an, ich fühle Land unter meinen Füßen. Ich kann drei Schritte vor mich gehen, ohne mich in die Reisecoats dicker Engländer, in die blauen Hemden belgischer Windbeutel zu verwickeln. Ich kann mich ans Ufer stellen und den prächtig daherziehenden, majestätischen Rhein mit seinen grünen Bergen, steilen Felsen und alten Schlössern verweilend betrachten.«

Was würde Herr Rellstab sagen, wenn er heute mit einem InterCity-Zug von Mannheim nach Bonn in 120 Minuten, beziehungsweise von Mainz nach Koblenz in 48 Minuten fahren könnte oder mit entsprechender Geschwindigkeit in einem Reisebus? Einmal abgesehen von der schnelleren Ankunft – er würde wohl von der Landschaft und ihren Burgen, je nach seinem Platz im Bus, auch nicht viel mehr erblicken als damals hinter den breiten Rücken seiner Mit-Passagiere. Und mit dieser

***67*** *»A view on the Rhine« von Richard Doyle aus dem Jahre 1845, aus seinem Buch »The history ... of what they saw, and did in ... Germany«.*

***68*** *Kombinierter Schiffs- und Eisenbahnführer mit Karte und Textband nach P. Christen, ca. 1843 erschienen.*

Erfahrung (im wörtlichen Sinne) würde er möglicherweise die geruhsam-entspannende Schifffahrt etwas anders beurteilen, vielleicht sogar ähnlich wie Herr von Matthisson als Korrespondent des »Morgenblatts für gebildete Stände« im Jahr 1827 (vgl. S. 27f).

## Der Fremdenverkehr ab 1850

Zuverlässige Statistiken über die Anfänge des Fremdenverkehrs sind äußerst selten, vor allem wenn man sie zum Vergleich mit anderen Regionen oder mit späteren Daten heranziehen will. Unter den wenigen quantitativen Angaben jener Zeit ist die Zusammenstellung der Beherbergungsbetriebe ausgewählter Kleinstädte nach den Baedeker-Reiseführern von um so größerem Interesse (Tabelle 2), obwohl sie weder alle Unterkünfte, noch ihre Größe oder gar die Zahl der Touristen und die Häufigkeit der Übernachtungen angibt. Der von früheren Reisenden beklagte Mangel scheint hier eine Bestätigung zu finden.

Es sieht aber so aus, als ob mit dem steigenden Wohlstand der »Gründerjahre« nach 1871 ein stärkerer Zuwachs sowie ein erwähnenswerter Komfort eingetreten wäre, der 6 von 28 Betrieben eine Empfehlung durch einen der begehrten Baedecker-Sterne eingebracht hat. Immerhin nahm zwischen 1846 und 1876 die Zahl der erfassten Hotels im Gesamtgebiet des oberen Mittelrheins einschließlich Koblenz, Bingen und Rüdesheim von 30 auf 79 zu (Schaake 1971, Uthoff 1986).

Noch eindrucksvoller lässt das Fahrgastaufkommen der Köln-Düsseldorfer-Dampfschifffahrtsgesellschaft seit ihrer Gründung im Jahr 1827 den Aufschwung des Fremdenverkehrs erkennen (Tabelle 3). Die Zahlen galten zwar für die gesamte Strecke von Düsseldorf bis Mainz; es ist jedoch anzunehmen, dass ein sehr großer Teil davon auf das touristisch besonders attraktive obere Mittelrheintal entfiel. 1911 verkehrten auf diesem Abschnitt einschließlich der konkurrierenden Gesellschaften 20 Personendampfer pro Tag nach regelmäßigen Fahrplänen, allerdings nur im Sommerhalbjahr, denn es handelte sich nunmehr ausschließlich um Vergnügungsfahrten.

Der langsamere Anstieg seit etwa 1860 hatte seinen Grund darin, dass der normale Reiseverkehr aus geschäftlichen und anderen Zwecken damals an die Eisenbahn überging, deren Züge viel schneller und auch im Winter zu festliegenden Zeiten fuhren.

In den Zehnjahresdurchschnitten 1861-70 und 1871-80 gingen die absoluten Zahlen sogar zurück, um dann bis zum Ersten Weltkrieg allmählich wieder anzusteigen. Hier zeigt sich eine gewisse Parallele zur Eröffnung von Teilstrecken der Bahn.

Erst die wirtschaftliche Belebung in den sogenannten »goldenen Zwanzigern« sowie nach der Weltwirtschaftskrise um 1930 bescherten auch dem Rheintourismus eine kurze Boomphase, die jedoch durch den

*69 Die Zahnradbahn zum Niederwald erschloss auf der Fahrt durch die weltberühmten Rüdesheimer Weinbaulagen das auf dem Berg gelegene Niederwalddenkmal für weite touristische Kreise.*

Zweiten Weltkrieg unterbrochen wurde (Tabelle 4). Ein Grund dafür, dass es nicht zum völligen Stillstand kam, lag wohl darin, dass gemeinschaftlicher Urlaub im Rahmen der nationalsozialistischen Bewegung »Kraft durch Freude« unter anderem als Mittel der Propaganda zur allgemeinen Hebung der Stimmung im Volke angesehen wurde. Dabei muss man sich klar machen, dass »Urlaub« oder gar »Fernreisen« für den überwiegenden Teil der ländlichen und der industriell beschäftigten Bevölkerung noch ganz unbekannte Begriffe waren. Eine »KdF«-Reise an den Mittelrhein stellte also für viele ein einmaliges Erlebnis dar, welches den Daheimgebliebenen durch Postkarten, Erzählungen und Mitbringsel vermittelt wurde.

Die Eisenbahngesellschaften belebten nun ihrerseits den Fremdenverkehr, indem sie ebenfalls Ausflügler an den Rhein brachten, und zwar nicht nur mit ihren planmäßigen Zügen. So trafen von etwa 32 000 Tagesgästen, die 1935 mit organisierten Reisegruppen St. Goar besuchten, rund 4 000 in acht Sonderzügen ein, während die Mehrheit noch immer mit Ausflugsschiffen ankam (Schaake 1971). Um auch den Durchreisenden die schöne Rheinlandschaft nahezubringen, setzten die europäischen Eisenbahnverwaltungen 1928 einen internationalen Luxuszug mit verglasten Aussichtskuppeln unter dem Namen »Rheingold« von Zürich nach Hoek van Holland ein, der Anschluss an die Fähren nach England hatte. Er erlangte damals eine ähnliche Berühmtheit wie der Orientexpreß und erlebte 1962 bis 1976 in modernisierter Form eine Renaissance. Er fuhr indessen so schnell, dass man einzelne Sehenswürdigkeiten kaum wahrnehmen konnte, sondern lediglich einen Gesamteindruck der vorbeihuschenden Landschaft mitnahm, wie heute im InterCityExpress.

Die Grundformen des Rhein-Tourismus haben sich also vor rund hundert Jahren herausgebildet, obschon sich seitdem ihre Anteile am Gesamtvolumen deutlich verschoben haben. Es handelt sich um:

- mehrtägige Ferienreisen in das Rheintal als Zielgebiet mit dem Aufstieg auf verschiedene Burgen,

| | 1828 | 1839 | 1852 | 1871 | 1876 | 1899 | 1906 |
|---|---|---|---|---|---|---|---|
| Bacharach | 1 | 1 | 1 | 1 | 2 | 4 | 3 (1) |
| Oberwesel | 1 | 3 | 2 | 2 (2) | 2 (2) | 5 | 6 |
| St. Goar | 3 | 3 | 2 | 4 (1) | 4 (1) | 7 (2) | 8 (2) |
| Boppard | 4 | 3 | 3 | 3 (1) | 3 (3) | 11 (3) | 11 (3) |

Zahlen in Klammern = Empfehlung im "Baedecker"

***Tab. 2*** *Beherbergungsbetriebe im 19. Jahrhundert in Kleinstädten am Mittelrhein. Quelle: Schaake 1971*

| Jahr | Passagiere | Jahr | Passagiere |
|---|---|---|---|
| 1827 | 18 151 | 1867 | 1135 511 |
| 1837 | 153 391 | 1900 | 1484 034 |
| 1847 | 684 735 | 1913 | 1921 749 |
| 1857 | 1025 564 | | |

***Tab. 3*** *Passagiere der Köln-Düsseldorfer Rheindampfschifffahrt 1827-1913. Quelle: Schaake 1971.*

mit erholsamen Wanderungen und Bootsfahrten sowie dem abendlichen Genuss des Weines usw.; diese Form ist stark zurückgegangen und spielt höchstens für den Zweiturlaub im Frühling oder Herbst eine Rolle.

- Zwischenaufenthalte an ein oder zwei Stationen auf einer längeren Fahrt, etwa im Sinne der früheren Bildungsreisen, heute nicht selten mit einem Zelt oder Wohnmobil; sie weisen wohl ebenfalls eine abnehmende Tendenz auf.
- kurze, meist nur eintägige Ausflugsfahrten an einen bestimmten Ort, und zwar überwiegend am Wochenende, nicht selten auch nur an einem Nachmittag oder zum Abendessen im Naherholungsbereich der benachbarten Verdichtungsräume von Köln-Bonn, Koblenz und Frankfurt-Wiesbaden-Mainz; sie machen heute gewiss den größten Anteil aus. Die Landesregierung von Rheinland-Pfalz schätzt, dass etwa zwei Millionen Übernachtungsgästen rund zwanzig Millionen Ausflügler gegenüberstehen.

Geruhsame Schifffahrten genießen nach wie vor eine hohe Popularität; denn nur vom Wasser aus kann man so viele Sehenswürdigkeiten ohne Einschränkung des Blickfeldes durch Gebäude, Ufervegetation, Tunnel oder anderes an sich vorüberziehen lassen und gleichzeitig einen so umfassenden Gesamteindruck von dieser Strom-Landschaft in ihrem steten Wandel gewinnen; und dies alles ohne jegliche Hektik und eigene körperliche Anstrengung. Unter solchen Aspekten ist die Fahrt mit einem Tragflügelboot, das mit 65 Kilometern pro Stunde in 4 Stunden und 15 Minuten von Köln nach Mainz fährt, nicht unbedingt ein Gewinn, zumal die 64 Fahrgäste im Inneren wie in einem Großflugzeug sitzen

| Jahr | Fremden-meldungen | Übernach-tungen | Besucher im Schloß Rheinfels |
|---|---|---|---|
| 1930 | 12 289 | 21 736 | |
| 1931 | 8 728 | 17 612 | 12 700 |
| 1932 | 8 542 | 16 727 | |
| 1936 | 12 809 | 26 354 | 37 000 |
| 1937 | 15 805 | 29 961 | 49 057 |
| 1938 | | 28 478 | 50 355 |
| 1952 | | 31 267 | 67 265 |
| 1991 | 40 826 | 81 033 | 86 481 |
| 1992 | 45 282 | 87 636 | 97 564 |
| 1993 | 41 681 | 77 606 | 96 137 |
| 1994 | 40 014 | 81 308 | 76 168 |

***Tab. 4*** *Übernachtungsverkehr und Tagesausflüge in St. Goar 1930-1993. Quellen: Schaake 1971; Gemeindeverwaltung St. Goar–Oberwesel.*

***70*** *Die Bergstation der Zahnradbahn zum Niederwalddenkmal um 1885.*

und, abgesehen von den Fensterplätzen, keinen freien Blick haben, schon gar nicht nach oben zu den Burgen.

Die Anreise zum Mittelrhein erfolgt aus dem engeren Einzugsgebiet häufig ebenfalls mit dem Schiff, aus größerer Entfernung dagegen mit der Bahn. Um bei Tagestouren genügend Zeit für eine Stadt- oder Burgbesichtigung sowie zum Kauf von Andenken und zur weinseligen Geselligkeit zu haben, sind kombinierte Reisen mit beiden Verkehrsträgern beliebt, insbesondere, wenn eine gegenseitige Anerkennung der Fahrausweise möglich ist. Heute wie früher spielen Gruppenreisen mit einem Verein oder im Rahmen eines Pauschalarrangements eine große Rolle. Sie haben seit der Einführung von Omnibussen in den 1920er Jahren einen schnellen und nachhaltigen Aufschwung genommen, und zwar in besonders hohem Maße nach dem Zweiten Weltkrieg, wie das Beispiel St. Goar zeigt (Tabelle 4). Die Zahl der Besucher auf der Burg Rheinfels war zwar immer größer als diejenige der angemeldeten Übernachtungsgäste, von denen ja auch die meisten hinaufstiegen. Sie nahm aber mit dem Ausbau der Fahrstraße schon vor dem Krieg auf das zwei- bis dreifache zu. (Übrigens beziehen sich die Angaben in der Tabelle nur auf die Eintrittskarten zu den offiziellen Burgbesichtigungen, nicht aber auf die Besucher des Restaurants, die den weiten Blick von der Terrasse aus genießen.)

Eine entscheidende Wende trat in der Nachkriegszeit mit der rapiden Verbreitung privater Automobile und dem entsprechenden Ausbau von Haupt- und Nebenstraßen ein, die eine vorher kaum denkbare Flexibilität bei der individuellen Gestaltung der drei oben genannten Formen von Urlaubs- und Ausflugsfahrten ermöglichte. Auf diese Weise konnten einzelne Orte,

***71*** *Eine Drahtseilbahn hat inzwischen die Zahnradbahn zum Niederwalddenkmal ersetzt.*

***72*** *Eine Sesselbahn bringt die zahlreichen Touristen vom Berghang des Niederwaldes nach Assmannshausen.*

Burgen oder Aussichtspunkte bequem erreicht werden, zu denen man früher nur auf längeren, oft beschwerlichen Fußwegen vom nächsten Bahnhof oder vom Anleger der Schiffe gelangen konnte.

Nur an wenigen Stellen hatte es nämlich Aufstiegshilfen gegeben, zum Beispiel Reitesel oder die Zahnradbahnen von Rüdesheim und von Assmannshausen auf den Niederwald (Abb. 69, 70).

Sie ermöglichten etwa folgenden Rundweg: Mit der Eisenbahn bis Rüdesheim, mit der Bergbahn auf die Höhe, dann in einem angenehmen Spaziergang durch den Niederwald mit seinen Attraktionen bis zum Jagdschloss, schließlich mit der Bergbahn nach Assmannshausen und mit dem Schiff zurück durch das Binger Loch. Nach 1950 wurden die Zahnradbahnen durch eine Kleinkabinenbahn beziehungsweise einen Sessellift ersetzt, und weitere Sesselbahnen wurden vom Stadtteil Ehrenbreitstein auf die Festung sowie von Boppard auf das Gedeonseck gebaut (Abb. 71, 72). Hier lässt sich zeigen, welche Wechselwirkungen zwischen den Verbesserungen des Verkehrswesens und den dahinter stehenden natur- und kulturlandschaftlichen Erscheinungsformen bestehen, das heißt auch zwischen dem historisch-politischen und gesellschaftlichen Wandel der Interessengebiete oder einfach den jeweils vorherrschenden Moden der Touristen.

Äußerst wichtig war unter solchen Aspekten der Impuls, den der Fremdenverkehr 1883 mit der Einweihung des Germania-Denkmals auf dem Niederwald erhalten hat. Dieser ausgedehnte Laubwald war – ganz im Gegensatz zur ursprünglichen Bedeutung seines Namens – durch den Grafen Karl Maximilian von Ostein 1764 zu einem heute noch attraktiven Hochwald mit Jagdschloss sowie einen daran angeschlossenen Waldpark im Geschmack eines englischen Landschaftsgartens umgestaltet worden. Er enthält allerlei Kunstbauten, die nur noch teilweise bestehen, darunter die »Zauberhöhle«, die am Ende eines 60 Meter langen, in mehreren Windungen aufgemauerten dunklen Ganges den Blick auf das jenseitige Ufer mit Burg Rheinstein freigibt, ferner die aus Holzstämmen gezimmerte »Eremitage« und die künstliche Ruine der »Rossel« mit einem Rundturm, der einen herrlichen Blick in die Tiefe des Tales bietet, schließlich den heute zerstörten neugotischen »Rittersaal« sowie den »Monopteros«, einen Rundtempel im Stil der Antike mit dorischen Holzsäulen, von dem lediglich eine Aussichtsplattform erhalten ist. Der Park wurde in der ersten Hälfte des 19. Jahrhunderts von vielen Rheinreisenden besucht, die hier ihre Vorstellungen der Romantik verwirklicht fanden.

Aber große Touristenscharen strömten erst nach der prunkvollen Einweihungsfeier der imposanten Bronzestatue herbei, die schon aufgrund ihrer Ausmaße ein Beispiel für die damals in ganz Deutschland aufwallende nationale Euphorie nach der gerade zwölf Jahre zurückliegenden Reichsgründung von 1871 darstellte, ähnlich wie das Kaiser-Wilhelm-Denkmal auf dem Deutschen Eck in Koblenz, das 1838 begonnene und 1875 eingeweihte Hermannsdenkmal im Teutoburger Wald, das Barbarossa-Denkmal auf dem Kyffhäuser und viele andere Monumente, darunter die unzähligen Bismarcktürme jener denkmalfreudigen Zeit (Abb. 73, 74).

Der mehrstufige Bruchsteinsockel der Germania ist 25 Meter hoch und trägt außer mehreren allegorischen Figuren ein Relief, das die Versammlung der Reichsfürsten und Generäle bei der Kaiser-Proklamation in Versailles zeigt. Die Figur der Germania allein misst 10,5 Meter. Sie blickt übrigens nicht nach Westen, also gegen Frankreich, sondern nach Osten, als ob sie die Fürsten ermahnen wollte, auch künftig die Einheit zu wahren. Die Baugeschichte hat sich über Jahre hingezogen. Mit der eigentlichen Konstruktion konnte nicht vor 1877 begonnen werden, nachdem es lange Diskussionen über den besten Standort für ein solches Nationaldenkmal gegeben hatte, wobei man auch den Loreley-Felsen in die Überlegungen einbezogen hatte.

Doch wie gut, dass die Entscheidung zu Gunsten des Niederwaldes ausfiel. Denn sonst wäre die jetzige Stelle – am Waldrand oberhalb der Weinberge und 225 Meter über dem Binger Loch – wohl kaum so gut erschlossen worden. Von hier öffnet sich ein herrlicher Blick auf die Mündung der Nahe in den Rhein, die hier bei Bingen den Quarzitrücken des Rochusberges durchschneidet, und weiter auf die fruchtbaren Hügellandschaften des Rheingaus und Rheinhessens. Den Horizont bilden nach Süden der Melibokus im Odenwald und der Donnersberg im Nordpfälzer Bergland, die – im Rahmen der geologisch-tektonischen Strukturen – jeweils den östlichen und den westlichen Rand des Oberrheingrabens markieren. War es anfangs das Denkmal selbst, so hat sehr bald dieser Rundblick über die Natur- und Kulturlandschaft (Abb. 74) eine gleichwertige Begründung dafür geboten, dass Rüdesheim zum wichtigsten Ziel am Mittelrhein wurde, mit allen Kennzeichen des modernen Massentourismus (Kanz 1980; Schaefer 1993).

Denn weder die Stadt selbst noch die Reste der vier mittelalterlichen Burgen am Rande ihrer Altstadt konnte man als übermäßig attraktiv im Vergleich mit anderen Städten am Mittelrhein bezeichnen. Und im Gegensatz zur benachbarten Zollburg Ehrenfels und dem sagenumwobenen Mäuseturm auf der Rheininsel im Binger Loch wurde sie in den Beschreibungen des 19. Jahrhundert kaum hervorgehoben. Diese Meinung vertrat auch Karl Baedecker in seiner »Rheinreise von Basel nach Düsseldorf« aus dem Jahr 1849. Er schreibt über die Stadt Rüdesheim: »Der Weg durch den Rheingau, den berühmtesten Weingarten Deutschlands. Wirtschaftlich bedeutend war abgesehen vom Weinbau ihre Rolle als Lotsenstation, in besonderen Fällen auch als Umschlagplatz von Wagen auf Schiffe am Ende des ›Kaufmannsweges‹ beziehungsweise von größeren Schiffen auf kleine Boote, mit denen die gefährlichen Riffe im Strom durchfahren werden konnten«. In diesem Zusammenhang gab es schon seit dem 18. Jahrhundert einen Weinmarkt sowie drei Gasthöfe, die vor 1870 um vier weitere ergänzt wurden. Hinzu kamen

***73*** *Das Niederwalddenkmal, früher vor allem als patriotische Wallfahrtsstätte besucht, ist heute mehr ein attraktiver Aussichtspunkt.*

***74*** *Die exponierte Lage des Niederwalddenkmals und seine Erreichbarkeit über die verschiedenen Verkehrswege tragen zur Attraktivität dieses Ortes bei. Im Hintergrund der Mäuseturm und die Ruine Ehrenfels am Binger Loch.*

Weinhandlungen, zahlreiche Straußwirtschaften, Sektkellereien und die 1894 gegründete erste deutsche Weinbrandfabrik Asbach.

Ihren Aufschwung verdankte die Stadt aber überwiegend der Funktion als Anreise- und Übernachtungsort zum Besuch des Niederwald-Denkmals. Dafür sprechen unter anderem die Fahrgastzahlen der 1884 eröffneten Zahnradbahn, die vor dem Ersten Weltkrieg bei 130 000 bis 170 000 pro Jahr lagen und nach der Wiedereröffnung von 209 800 (1925) auf 314 800 (1928) zunahmen. Sie gingen zwar mit der Wirtschaftskrise auf 175 000 Besucher (1933) zurück, erreichten aber bis zum Zweiten Weltkrieg wieder rund 200 000 bis 300 000. Ein nicht unwesentlicher Teil davon waren Tagesbesucher aus dem Rhein-Main-Gebiet oder auch Durchreisende, denn die Fremdenübernachtungen schwankten in den zwanziger und dreißiger Jahren lediglich zwischen 60 000 und 150 000, von denen bis zu 44 Prozent auf die 1930 eröffnete Jugendherberge mit ihren 400 Betten entfielen (Schaefer 1993). Damit wurde Rüdesheim übrigens von Bingen am anderen Rheinufer übertroffen (Abb. 75; Uthoff 1986; 1996). Immerhin stieg die Zahl der Hotels von 25 (1925) auf 32 (1929) an. Dazu kamen über 200 Privatzimmer. Heute sind es 40 Hotels mit annähernd 2.400 Betten und zusätzlich etwa 70 Privatzimmer.

Die inzwischen berühmt gewordene Drosselgasse spielte damals noch kaum eine Rolle. Im Jahre 1929 gab es sogar gegen den Bau des Gasthauses Lindenwirt neben dem 1813 gegründeten Drosselhof heftige Einsprüche, die dem Magistrat der Stadt von Anwohnern vorgebracht wurden, denn »... für die Errichtung neuer Gastwirtschaften in Rüdesheim [liegt] kein Bedürfnis vor, insbesondere nicht von Gastwirtschaften in der Drosselgasse und deren nächster Umgebung« (zit. nach Kanz 1980). Das weit bekannte Bild der Stadt hat sich also im wesentlichen nach dem Zweiten Weltkrieg herausgebildet. Nachdem die Stadt im November 1944

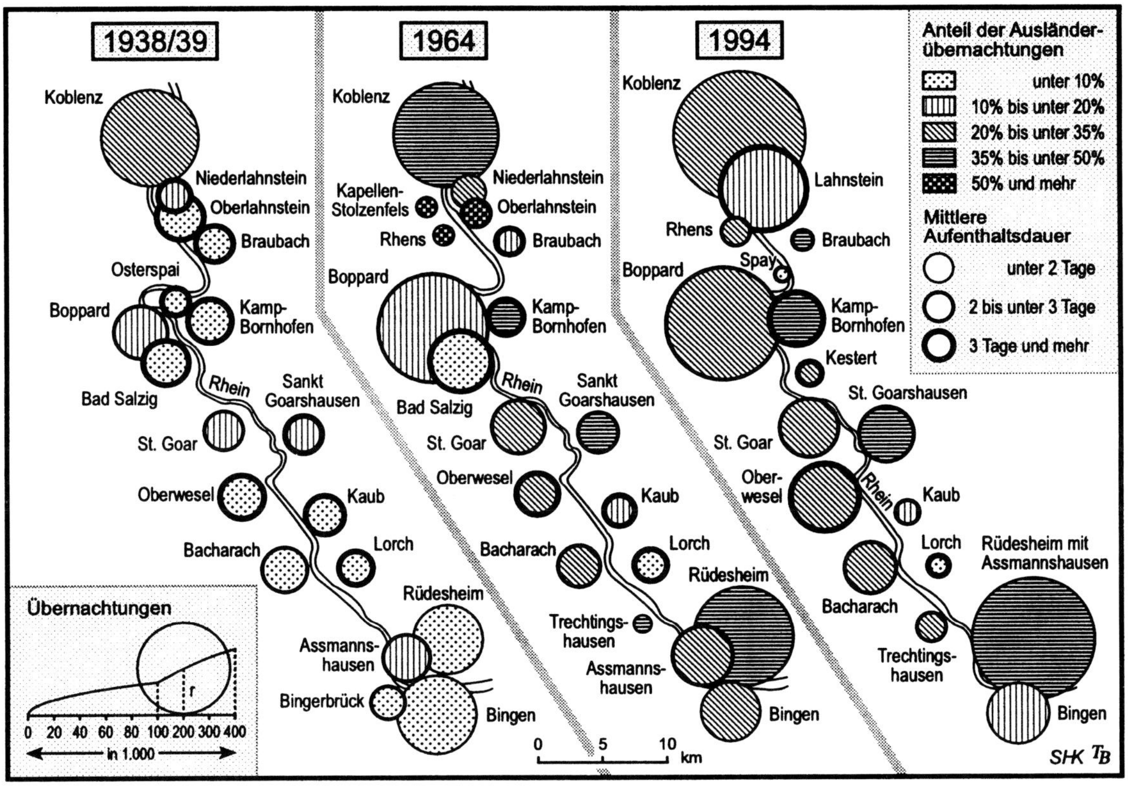


***75*** *Fremdenverkehr im oberen Mittelrheintal – Umfang, Verteilung, Entwicklung. Quelle: J. Albert, (Them. Kartogr. Dr. R. Kreth, Geogr. Inst. Univ. Mainz)*

durch Bomben schwer geschädigt worden war (Bausinger 1962, S. 29), kam es im Zusammenhang mit dem Wiederaufbau zu den heutigen Formen des Fremdenverkehrs mit den Touristenmassen (an einzelnen Tagen über 13 000), die durch die nur drei Meter breite Drosselgasse geschleust werden (Abb. 76, 77). Dementsprechend konzentrieren sich hier 31 % (2 260) aller Gaststättenplätze in nur acht »Stimmungslokalen« vom Typ »rheinischer Frohsinn und rustikale Gemütlichkeit«, wie sie offenbar von Betriebsausflügen und Vereinen geschätzt werden. Immerhin bemühen sich Stadt und Region neuerdings um ein differenzierteres Image.

*76* *Der Aufschwung der Wirtsbetriebe in Rüdesheim setzte nach dem Zweiten Weltkrieg ein.*

*77* *Der vielbesuchten Drosselgasse haftet heute das Image des »Kegelclub-« oder »Pauschal-Tourismus« an.*

## Aktuelle Entwicklungen

Tatsächlich bedeutete der Krieg auch für das Mittelrheingebiet einen tiefen Einschnitt. Doch im Rahmen des sogenannten »Wirtschaftswunders« der fünfziger Jahre wurden nicht nur die Schäden erstaunlich schnell behoben, sondern auch die Grundlagen für einen Aufschwung gelegt, der alle Wirtschaftssektoren umfasste und in einen allgemeinen gesellschaftlichen Wandel mündete. Dazu gehörte nach den Einschränkungen der Kriegs- und Nachkriegszeit auch eine rapide wachsende Reiselust, wenn auch in einem nach heutigen Begriffen bescheidenen Stil – mit Zelten statt Wohnmobilen, oder auch mit Hotelzimmern, denen nicht nur Dusche und WC fehlten, sondern sogar fließendes Wasser im Zimmer. Zu den deutschen Gästen kam bald wieder eine steigende Zahl von Ausländern, die sich in wenigen Orten konzentrierten, während andererseits der flächenhafte Ausflugsverkehr aus den benachbarten Ballungsräumen immer weiter zunahm. So ergab sich die Notwendigkeit zum Ausbau der Verkehrsinfrastruktur.

## Die Rheinschifffahrt

Die bereits früher erwähnten Regulierungsarbeiten an der Fahrrinne des Rheinstromes wurden um so dringender, als sich die Binnenschifffahrt sehr schnell entwickelte. Der von der »Wahrschau«, das heißt von der Beobachtungsstelle bei Koblenz (später in Oberwesel) erfasste Durchgangsverkehr hatte 1950 mit 23,3 Millionen Tonnen den Wert von 1936 (27,0 Millionen Tonnen) fast wieder erreicht und übertraf ihn 1960 mit 58,1 Millionen Tonnen um mehr als das Doppelte. Dies bedeutete allerdings schon den Höhepunkt. Seit 1970 pendeln die Werte zwischen 45 und 50 Millionen Tonnen. Dabei macht der Verkehr flussabwärts seit Jahren etwa ein Drittel der Gesamtmenge aus.

Er überwiegt vor allem bei Baumaterial (insbesondere Kies aus großen Baggerlöchern des Oberrheins) und Getreide und ist bei anderen landwirtschaftlichen Produkten sowie bei Düngemitteln und sonstigen Gütern etwa ausgeglichen. Dagegen dominieren im Bergverkehr Mineralölprodukte und Kohle (Abb. 78).

Unabhängig von den transportierten Gütern ist schon die Zahl der Schiffe sehr eindrucksvoll. Von den höher gelegenen Burgen wie Ruine Rheinfels kann die hohe Verkehrsdichte auf dem Strom gut beobachtet werden. Um 1960 fuhren täglich rund 200 Schiffe stromauf- und abwärts. Seitdem hat es einige Verschiebungen gegeben (Tabelle 5). Die Gesamtzahl der Schiffe im Berg- und Talverkehr hat sich bei fast unveränderter Tragfähigkeit von 1960 bis 1990 annähernd halbiert, d.h. die durchschnittliche Kapazität der Frachtschiffe ist von 880 auf 1.523 t (73%) gestiegen. Gleichzeitig hat der Anteil der Motorschiffe von 65% auf 84% zugenommen, denn damals wurden noch 21 100 Kähne von 10 500 Schleppern gezogen. Viele wurden von Dampfmaschinen angetrieben, die große Rauchfahnen im Tal verbreiteten.

Doch bis auf wenige Ausnahmen für besondere Zwecke sind die Schlepper heute verschwunden. An ihre Stelle sind rund 1 000 Schubboote getreten, die 4 600

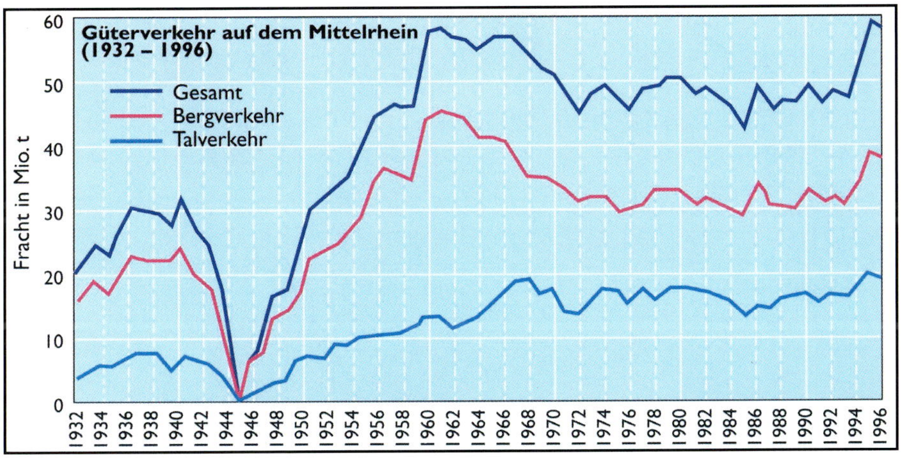


*78 Entwicklung des Güterverkehrs auf dem Rhein (1932-1996). Die bis 1965 kontinuierliche Steigerung wurde zuvor nur durch den Zweiten Weltkrieg unterbrochen.*

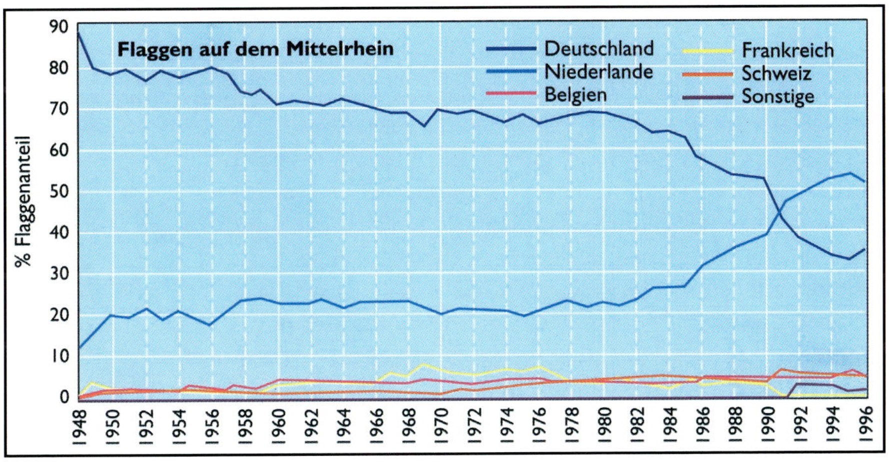


*79 Entwicklung des Flaggenanteils der Rheinschifffahrt 1970-1994. Quelle: Wasser- und Schifffahrtsdirektion Südwest, Jahresbericht 1994*

***80*** *und* ***81*** *Der Rhein ist das weltweit meistbefahrene Binnengewässer. Vornehmlich werden Massengüter wie Mineralölprodukte, Kohle und Baumaterialien transportiert. Der lebhafte Schiffsverkehr trägt auch zur landschaftlichen Attraktivität des Mittelrheintals bei.*

Leichter bewegen. Abgenommen hat auch die Zahl der Fahrgastschiffe, während immerhin 1 700 Kabinenschiffe gezählt wurden (vgl. Wirth 1996).

Beim Kampf um Marktanteile besteht eine starke Konkurrenz zwischen den verschiedenen Verkehrsträgern, wobei seit dem letzten Krieg der Lastwagentransport auf Kosten aller anderen gewonnen hat. Während aber der Eisenbahnanteil zwischen 1970 und 1994 von ungefähr 32% auf 16% halbiert wurde, gab es etwa beim Containerverkehr auch Dumping-Frachtraten der Bahn gegenüber der Binnenschifffahrt. Hinzu kommt, gerade beim Gütertransport, ein zunehmender Wettbewerb der verschiedenen Länder, deren Schiffe auf dem Rhein verkehren.

Hier hat es seit 1970 eine Verlagerung zugunsten der Niederlande von 25% auf über 50% (1994) gegeben, während der deutsche Flaggenanteil von 55 auf 33 % drastisch zurückgegangen ist (Abb. 79). Das liegt unter anderem an der Organisationsstruktur der Binnenschifffahrt, wo seit jeher die mittelständischen Partikuliere vorherrschten; das heißt die Eigentümer leben mit ihrer Familie auf ihrem Schiff, das sie selbst steuern. Dies bedeutet bei dem Überangebot an Transportraum erhebliche wirtschaftliche Risiken. Daher wurde 1989 eine Abwrackaktion der Europäischen Gemeinschaft und neuerdings ein deutsches staatliches Modernisierungsprogramm von 100 Millionen Mark beschlossen. Doch die Situation vieler Schiffseigner ist so schlecht, dass sie das Mindestkapital zur Erlangung der Fördermittel nicht aufbringen können. Dazu kommen vielfältige persönliche und gesellschaftliche Einschränkungen, etwa beim Schulbesuch der Kinder, der nur durch Schifferkinderheime gewährleistet werden kann. Offenbar reagieren niederländische Schiffer und Reedereien flexibler, ganz abgesehen von steuerlichen und anderen Begünstigungen.

| | 1960 | 1990 |
|---|---|---|
| **Alle Schiffsbewegungen** | **143 079** | **74 860** |
| *Güterschiffe insgesamt* | *127 229* | *67 826* |
| *gesamte Tragfähigkeit (1000 t)* | *111 968* | *103 322* |
| *Durchschnittliche Tragfähigkeit (t)* | *880* | *1 523* |
| Güterschiffe mit Motor | 93 654 | 63 185 |
| Schleppkähne und Schubleichter | 21 140 | 4 641 |
| Schlepper und Schubboote | 10 534 | 1 083 |
| *Passagierschiffe* | *5 223* | *4 268* |
| Kabinenschiffe | | 1 716 |

***Tab. 5*** *Schiffsverkehr auf dem Mittelrhein 1960 und 1990. Quelle: Statistische Berichte Rheinland-Pfalz, H. II (1).*

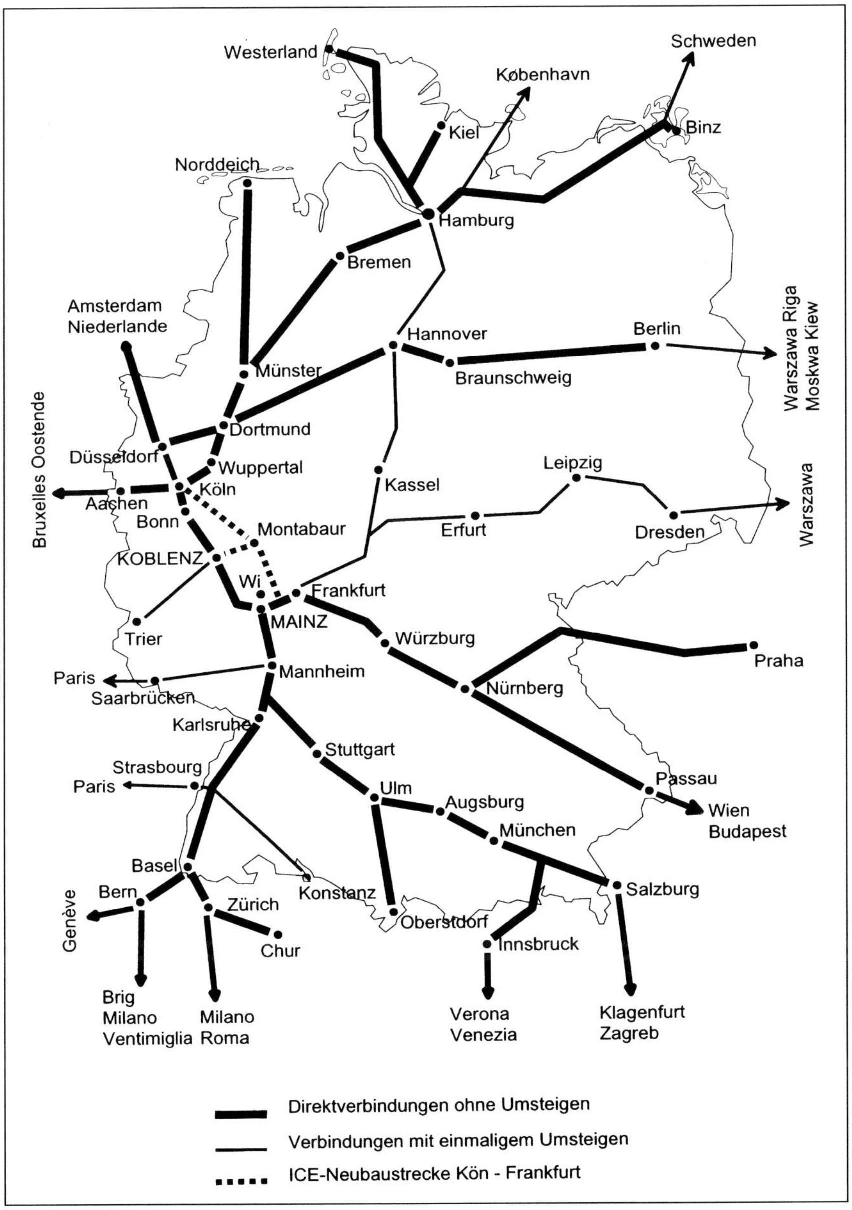


***82*** *Die Lage des Mittelrheins im deutschen Eisenbahnnetz 1995. Quelle: Deutsche Bahn AG; Entwurf: E. Gormsen, Kartographie: M. Neuss.*

## Die Eisenbahn

Parallel zur Binnenschifffahrt wurde die Eisenbahn ausgebaut, um das Volumen und die Geschwindigkeit des Personen- und Gütertransportes zu steigern. Dies geschah einerseits durch die Elektrifizierung, andererseits durch den Wegfall kleinerer D-Zug-Stationen bei Fernverbindungen zwischen den deutschen Großstädten und im internationalen Rahmen. Außerdem wurde die Zugfolge erhöht. 1936 verkehrten im Oberen Mittelrheintal am linken Ufer in jeder Richtung je 14 Schnell- und Expresszüge sowie drei Eil- und 14 Nahverkehrszüge, in der Summe der Hin- und Rückfahrten also 54 Reisezüge; am rechten Ufer betrug die entsprechende Zahl 12, 8 und 28 (Tabelle 6). Alle Schnellzüge zwischen Mainz und Koblenz hielten in Bingerbrück (heute Bingen Hbf), manche auch in Boppard sowie in St. Goar und Bingen (Stadt). Sie brauchten dafür 70 bis 83 Minuten, also rund 10 Minuten weniger als 1914, da inzwischen die Technik der Dampflokomotiven verbessert worden war. Lediglich drei Luxuszüge fuhren in 65 Minuten ohne Halt durch, und der »Rheingold-Express« hielt nicht einmal in Bonn und Koblenz, die damals den Charakter gut entwickelter Mittelstädte trugen; Bonn allerdings mit einer renommierten Universität, Koblenz als Zentraler Ort und Sitz der staatlichen Verwaltung. Mehrere rechtsrheinische Schnellzüge machten in Rüdesheim und/oder Eltville Station.

Nach der Reparatur der Kriegsschäden fuhren 1952 schon 36% mehr Schnellzüge als 1936, und 1960 betrug die Fahrzeit mit elektrischem Betrieb lediglich 57 bis 63 Minuten, wobei nur noch 14 der 62 Schnellzüge in Bingen und/oder Boppard hielten. Eine weitere Beschleunigung und Verdichtung erfolgte mit der allmählichen Einführung des InterCity-Systems in den siebziger Jahren. So fuhren 1976 zwischen Bingen und Koblenz täglich 156 Reisezüge und 66 Güterzüge. Am gegenüberliegenden Rheinufer waren es 70 Reisezüge und 122 Güterzüge. Das bedeutete für das ganze Tal 414 Züge (Deutsche Bahn AG).

Das Mittelrheintal ist also immer mehr zur Durchfahrtsstrecke zahlreicher Fernzüge geworden, die auf drei Hauptlinien aus Süddeutschland bzw. Süd- und Südosteuropa in Mainz gebündelt werden und ohne Halt bis Koblenz sowie weiter bis Bonn und Köln fahren, wo sich die Linien wieder in mehrere Richtungen nach

Norddeutschland, die Niederlande und Belgien aufspalten (Abb. 82). Damit kann man ohne Umsteigen unter anderem an folgende Endstationen gelangen: Oostende, Hoek van Holland, Amsterdam, Westerland, Kiel, Binz (Rügen), Berlin, Dresden, Prag, Wien, Budapest, München, Salzburg, Klagenfurt, Graz, Berchtesgaden, Oberstdorf, Innsbruck, Verona, Venedig, Rimini, Mailand, Rom, Ventimiglia, Basel, Bern, Zürich, Chur, Brig, Interlaken, Genf. Früher konnte man auch Ziele auf dem Balkan und Istanbul direkt erreichen.

Doch für die Bewohner des Tals bringt dies keinen Vorteil. Lediglich sieben InterRegio-Züge verkehren in jeder Richtung im Zwei-Stunden-Takt zwischen Norddeich und Heidelberg beziehungsweise dem Schwarzwald. Sie halten in Boppard und Bingen und bieten in Koblenz und Mainz Anschlüsse an den Schnellverkehr. Dieser wird heute durchweg auf die linke Seite des Stromes geführt, da fast alle größeren Städte (römische Gründungen) am linken Ufer liegen und der Kopfbahnhof in Wiesbaden eine unerwünschte Verzögerung darstellt. Im InterCity-System fahren 47 Zugpaare pro Tag, das heißt je drei pro Stunde im Taktverkehr. Darunter sind 15 EuroCity-Züge, deren Ziel außerhalb der deutschen Grenzen liegt. Hinzu kommen einige Nachtschnellzüge mit Kurswagen nach Süd- und Osteuropa. Außerdem gibt es 25 Zugpaare im Nahverkehr vor allem für Berufs- und Ausbildungspendler. Rechtsrheinisch fahren zwischen Wiesbaden und Lahnstein nur 56 Nahverkehrszüge, aber 172 aller 226 Güterzüge, während es links lediglich 54 Schnellgüterzüge und Postzüge sind (Deutsche Bahn AG.).

| | Koblenz - Mainz | | | | | | | Niederlahnstein - Wiesbaden | | | | | | |
|---|---|---|---|---|---|---|---|---|---|---|---|---|---|---|
| | IC | D | E | N | R | G | T | IC | D | E | N | R | G | T |
| 1914 | 8 | 14 | 6 | 26 | 54 | | | 6 | 8 | 2 | 24 | 40 | | |
| 1936 | 8 | 20 | 6 | 28 | 62 | | | 6 | 8 | 8 | 28 | 48 | | |
| 1952 | 16 | 22 | 10 | 18 | 66 | | | 4 | 14 | 8 | 30 | 56 | | |
| 1960 | 26 | 36 | 8 | 20 | 90 | | | 4 | 10 | 10 | 30 | 54 | | |
| 1976 | 36 | 84 | 12 | 24 | 156 | 66 | 222 | 12 | 14 | 12 | 32 | 70 | 122 | 192 |
| 1994 | 94 | 32 | 18 | 32 | 176 | 54 | 230 | | 6 | 16 | 40 | 62 | 172 | 234 |

IC: InterCity, EC: EuroCity, TEE: TransEuropaExpress, ICE, usw.
D: Schnellzug, IR: InterRegio
E: Eilzug, SE: Stadtexpress, RB: RegionalBahn
N: Nahverkehrszug
R: Reisezüge insgesamt
G: Güterzüge
T: Gesamtzahl aller Züge

***Tab. 6*** *Täglicher Eisenbahnverkehr am oberen Mittelrhein 1914-1994. Quellen: Kursbücher und Informationen der Deutschen Bahn AG.*

***83*** *Die Verkehrsdichte und Verkehrsbelastung im Mittelrheintal ist einerseits eine ökonomische Notwendigkeit - entsprechend der „strategischen" Durchgangssituation - stört andererseits aber zum Teil die lokalen Interessen, und trennt vielerorts die Siedlungen und ihre Bewohner vom Strom.*

Insgesamt verkehrten nach dem Sommerfahrplan 1995 an Werktagen 464 Züge im oberen Mittelrheintal, jeweils die Hälfte auf beiden Seiten. Das ist mit rund 20 pro Stunde eine der höchsten Dichten im Netz deutscher Fernbahnlinien. Auch wenn sie heute keinen Rauch mehr verbreiten, ist die Lärmbelästigung in dem engen Tal erheblich. Zwar ist die Frequenz während der Nacht etwas geringer, doch in Relation zur sonstigen Ruhe umso störender (vgl. Uthoff 1986). So ist zu hoffen, dass die neu gebaute Trasse des InterCity-Express (ICE), die von Köln über den Westerwald und den Taunus direkt nach Frankfurt führt, eine Entlastung für das Tal bringen wird. Dadurch wird die Fahrzeit zwischen dem Rhein-Ruhr- und dem Rhein-Main-Gebiet um etwa eine Stunde verkürzt, denn in den kurvenreichen Engtalabschnitten sind so hohe Geschwindigkeiten nicht möglich.

Von fünf stündlich verkehrenden Linien sollen zwei über Wiesbaden und Mainz nach Mannheim und weiter führen. Um den Koblenzer Wirtschaftsraum nicht zu benachteiligen, werden Anschlüsse über neue Bahnhöfe in Limburg und Montabaur (Westerwald) geschaffen. Die letztgenannte Stadt, die durch ihre Lage am Dernbacher Dreieck, das heißt der Abzweigung der Autobahn A48 (Koblenz – Trier) von der A3 (Frankfurt – Köln) bereits gewisse Vorteile im Verkehrssystem aufweist, wird dadurch eine weitere Aufwertung erfahren. Darauf deuten schon heute spekulativ steigende Grundstückspreise hin. Sie sollen erheblich höher liegen als in

Koblenz (Planungsgemeinschaft Mittelrhein-Westerwald). Fraglich ist andererseits, welche Veränderungen sich damit für die Bewohner des Tales ergeben, denn an die Stelle einiger InterCity-Züge, die dann als ICE über die Neubaustrecken fahren werden, soll eine größere Zahl von Nahverkehrszügen im Rheintal eingesetzt werden. Dies wird unter Umweltgesichtspunkten von Vorteil sein, aber den Lärm nicht wesentlich vermindern, zumal die Zahl der Güterzüge noch erhöht werden soll.

Ein grundlegender Nachteil der Bahnlinien im Tal wird sich allerdings auch in Zukunft nicht ändern lassen, nämlich die Streckenführung auf hochwasserfreien Dämmen am Ufer der meisten Kleinstädte und Dörfer, die dadurch ihren ungehinderten Zugang zum Strom verloren haben. Hie und da wurde der Bahndamm direkt vor die alte Stadtmauer gebaut, ohne allerdings einen wirksamen Schutz vor der zunehmenden Hochwassergefahr zu bieten, deren Ursprung ja im Einzugsgebiet des Oberrheins liegt. Im eingeengten Mittelrheintal lassen sich kaum wirksame Maßnahmen dagegen ergreifen. Übrigens fahren nur in wenigen Fällen, wie Boppard, Osterspai, Kamp, in Kestert, St. Goar, St. Goarshausen und Assmannshausen die Züge auf der Hangseite, gewissermaßen im Rücken der Orte. Doch mit Ausnahme von Boppard wurden seit den 60er Jahren fast überall Umgehungsstraßen auf angeschüttetem Gelände am Rhein gebaut und gelegentlich von Grünanlagen eingefasst. Sie tragen zur Abtrennung des Flusses von der

***84*** *Aus Hochwasserschutzgründen verläuft die Eisenbahn im Mittelrheintal immer in Dammlage, zwischen alter Stadtmauer und Rheinufer. Für viele Bewohner und Besucher hat die Lärmbelastung inzwischen kaum noch erträgliche Ausmaße erreicht.*

***85*** *In den Anfangsjahren der Elektrifizierung warben die Hotels noch mit der direkten Nähe zur Eisenbahn. Heute werden diese Hotels nur noch für Kurzaufenthalte genutzt, offensichtlich wegen der erheblichen Lärmbelastung.*

Stadt bei und entsprechen wiederum nicht dem romantischen Idealbild früherer Zeiten. Besonders krass ist die Situation in Kaub oder in Bacharach, wo die Bahngleise auf gleicher Höhe und in nur etwa drei Meter Abstand von dem Rundgang auf der Stadtmauer und zum Eingang in die daran angebauten Türme, Wohnhäuser, Hotels und Café-Terrassen verlaufen (Abb. 85).

***86*** *Die Enge des Mittelrheintales zwingt verschiedene „Generationen" von Verkehrswegen dicht nebeneinander. Neben dem Rhein selbst (ganz links) liegt auf dem ehemaligen Treidelweg die neue Bundesstraße 9 (links unten), daran schließt sich die Eisenbahnlinie und die Trasse der alten preußischen Landstraße an (im Vordergrund). Die beiden jüngsten Generationen von Verkehrswegen, die Autobahnen und die neue ICE-Strecke liegen schließlich außerhalb des Mittelrheintales.*

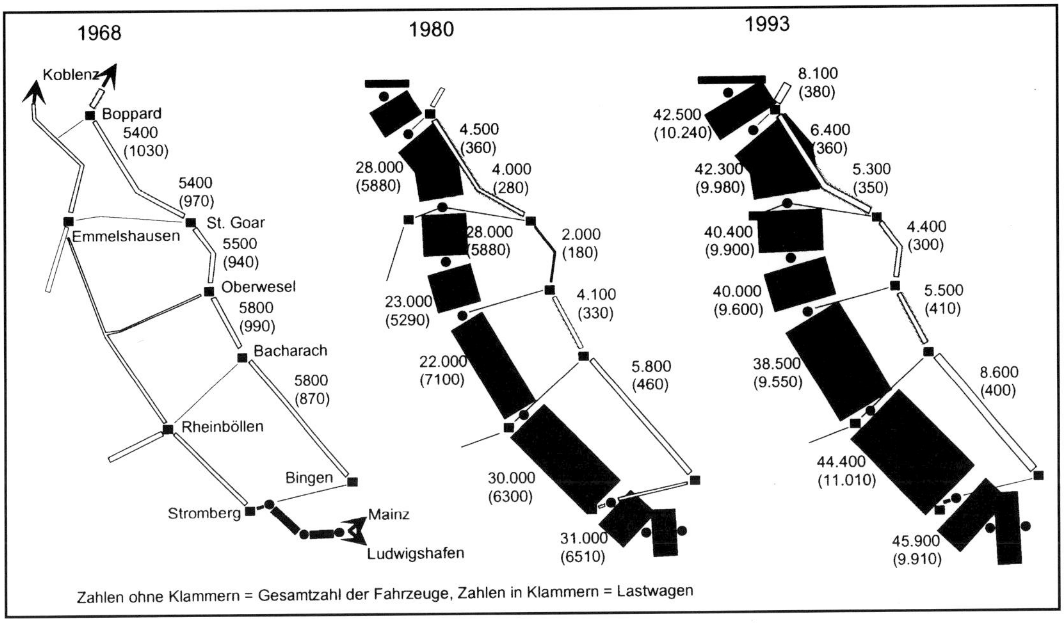


***87*** *Entwicklung des Straßenverkehrs vor und nach dem Bau der Autobahn A 61 und Bundesstraße B 9 im Bereich des oberen Mittelrheintals. Quellen: Seimetz 1987, Straßenverkehrszählung 1993. Kartographie: M. Neuss.*

## Straßenverkehr und regionale Wirtschaftsentwicklung

Glücklicherweise hat eine Verlagerung des Kraftfahrzeugfernverkehrs bereits vor dem Zweiten Weltkrieg mit dem Bau der Autobahn A3 von Frankfurt nach Köln stattgefunden. Sie folgt weithin der mittelalterlichen Heer- und Handelsstraße, die unter anderem zur Umgehung der zahlreichen Rheinzölle den beschwerlichen Landweg von Frankfurt und Mainz über Limburg und Siegburg nach Köln nutzte. Die Autobahn ist heute sechsspurig ausgebaut und gehört nach der Straßenverkehrszählung von 1993 mit rund 80 000 Fahrzeugen pro Tag zu den am stärksten befahrenen Strecken außerhalb der Verdichtungsräume. Zweifellos wurden schon damit die Bundesstraßen B9 und Bundesstraße B42 am Rheinufer mit ihren engen Ortsdurchfahrten entlastet. Noch klarer wurde die Verlagerung von der B9 auf die linksrheinische Autobahn A61, die nur etwa 10 bis 20 Kilometer vom Tal entfernt über die Höhen des Hunsrücks führt. Sie stellt seit den siebziger Jahren eine Verbindung der Niederlande über die Eifel und Rheinhessen bis Speyer her, wo sie den Rhein überquert und in die Oberrhein-Autobahn A5 sowie in die A6 nach Nürnberg mündet. Die Verkehrszählungen von 1968 bis 1993 lassen die Veränderungen deutlich erkennen (Abb. 87). Dabei muss berücksichtigt werden, dass mit der allgemeinen Zunahme des Autoverkehrs die Werte der B9 von 1968

| | Beschäftigte | | Index |
|---|---|---|---|
| | 1950 | 1987 | 1950 = 100 |
| *Stadt Koblenz* | *39 569* | *81 493* | *206* |
| Rhens | 947 | 580 | 61 |
| Boppard | 3 346 | 5 503 | 164 |
| Sankt Goar-Oberwesel | 2 686 | 2 874 | 107 |
| Rhein-Nahe (Bacharach) | 2 375 | 1 755 | 74 |
| Emmelshausen | 1 656 | 3 705 | 224 |
| Kastellaun | 1 740 | 4 100 | 236 |
| Kirchberg (Hunsrück) | 3 091 | 5 812 | 188 |
| Rheinböllen | 1 063 | 3 444 | 324 |
| Simmern | 3 156 | 8 049 | 255 |
| *Rhein-Hunsrück-Kreis* | *16 738* | *23 487* | *140* |
| Lahnstein | 7 021 | 8 299 | 118 |
| Braubach | 1 705 | 528 | 31 |
| Loreley (St. Goarshausen) | 2 911 | 2 370 | 81 |
| Bad Ems | 4 969 | 9 586 | 193 |
| *Rhein-Lahn-Kreis* | *28 310* | *41 086* | *145* |
| Bingen a. Rhein | 8 273 | 12 224 | 148 |
| Ingelheim a. Rhein | 5 139 | 10 913 | 212 |
| Heidesheim a. Rhein | 878 | 1 754 | 200 |
| Budenheim | 1 480 | 3 088 | 209 |
| Nieder-Olm | 1 416 | 4 403 | 311 |
| *Landkreis Mainz-Bingen* | *29 046* | *46 993* | *162* |
| *Stadt Mainz* | *46 475* | *111 821* | *241* |
| **Rheinland-Pfalz** | **838 828** | **1447 633** | **173** |

***Tab. 7*** *Beschäftigte in nichtlandwirtschaftlichen Arbeitsstätten ausgewählter Gemeinden 1950-1987. Quelle: Statistisches Landesamt Rheinland-Pfalz.*

***88*** *Die Fähren in Rüdesheim und an mehreren anderen Orten des Mittelrheintales erfüllen eine wichtige Verbindungsfunktion für den Verkehr, besonders für den lokalen Ausflugsverkehr (hier gegenüber dem Niederwalddenkmal).*

neuerdings wieder erreicht oder sogar übertroffen werden. Wichtig für die Bewohner des Tales ist freilich, dass es sich überwiegend um Personenwagen handelt, da der Fernlastverkehr über die Autobahnen geleitet wird.

Die Wirkungen der Autobahn gehen allerdings über den Straßenverkehr als solchen hinaus. So haben sich an Autobahnanschlüssen wie Rheinböllen und Emmelshausen Industrie- und Gewerbebetriebe niedergelassen und damit das bescheidene regionale Arbeitsplatzangebot ergänzt, während es im Tal deutlich zurückgegangen ist (Tabelle 7; vgl. Seimetz 1987; Büchner 1984; Hahn 1988). Insgesamt gehört nämlich das Obere Mittelrheintal trotz seiner scheinbar zentralen Lage zu den Gebieten mit schwacher Wirtschaftskraft. Dies lässt sich unter anderem an der Bevölkerungszunahme zeigen, die seit jeher geringer war als am Ober- und Niederrhein.

Mit dem Bahnbau und dem Fremdenverkehr haben vor hundert Jahren die Talgemeinden in geringem Maße expandiert, während die Bevölkerungsentwicklung in Hunsrück und Taunus durch Abnahme oder Stagnation gekennzeichnet waren. Nach gewissen Fluktuationen als Folge der Kriegs- und Nachkriegszeit haben sich die Verhältnisse nun aber weitgehend umgekehrt. Seit der Volkszählung von 1970 erlebten viele Höhengemeinden im Gegensatz zum Tal einen bemerkenswerten Zuzug in neue Wohngebiete. Dabei ist rechts des Stromes der Bevölkerungsrückgang in den Ufergemeinden meist noch stärker und die Zunahme auf den Höhen relativ geringer, da hier kein direkter Zugang zur Autobahn besteht und es zwischen Koblenz und Mainz keine Brücken, sondern nur Fährverbindungen meist ohne Nachtbetrieb gibt (Abb. 88; vgl. Gormsen 1977).

Davon abgesehen ist im Tal kaum mehr Platz für zusätzliche Gewerbe- oder Wohngebiete, obwohl der Wunsch nach einem eigenen Haus oder einer größeren Wohnung zu günstigen Preisen weit verbreitet ist. Immerhin ist im westlichen Deutschland die durchschnittliche Wohnfläche pro Person von 15 (1950) auf 38 Quadratmeter (1995) angestiegen. So lässt sich am Beispiel der Verbandsgemeinde St. Goar–Oberwesel verdeutlichen, dass auch innerhalb einer Verwaltungs-

***89*** *Die Geologie und Morphologie des Mittelrheintals bedingen eine extreme Nord-Süd-Ausrichtung der Hauptverkehrslinien an diesem „Korridor". Große Brückenbauwerke folgen dieser nord-südlichen Ausrichtung der Verkehrsachsen (hier die Moselüberquerung in der Nähe von Koblenz).*

einheit die hochgelegenen Ortsteile auf Kosten der Kleinstädte im Tal Bevölkerung hinzugewonnen haben und darüber hinaus eine Zuwanderung von außen erfolgt ist (Tabelle 8). Im übrigen gab es in den neunziger Jahren fast überall einen mehr oder weniger starken Anstieg der Einwohnerzahl, der teilweise auch mit der Übersiedlung von Bewohnern der ehemaligen DDR sowie von Aussiedlern aus den GUS-Staaten zusammenhängt.

Zu den Fortschreibungen der Meldebehörden muss freilich angemerkt werden, dass sie aus verschiedenen Gründen (Zweitwohnsitze und andere) in der Regel zu überhöhten Werten führen und daher nicht ohne weiteres mit den Volkszählungen vergleichbar sind.

Die schnelle Verbindung über die Autobahn ermöglicht heute Pendelfahrten zur Arbeit über Entfernungen, die früher unvorstellbar waren. So betrug 1987 in vielen Gemeinden der Anteil der Auspendler an den Erwerbstätigen über 50%, und bis zu 25% der Pendler aus dem östlichen Hunsrück und dem Mittelrheintal fahren täglich mehr als 50 km nach Mainz, dessen

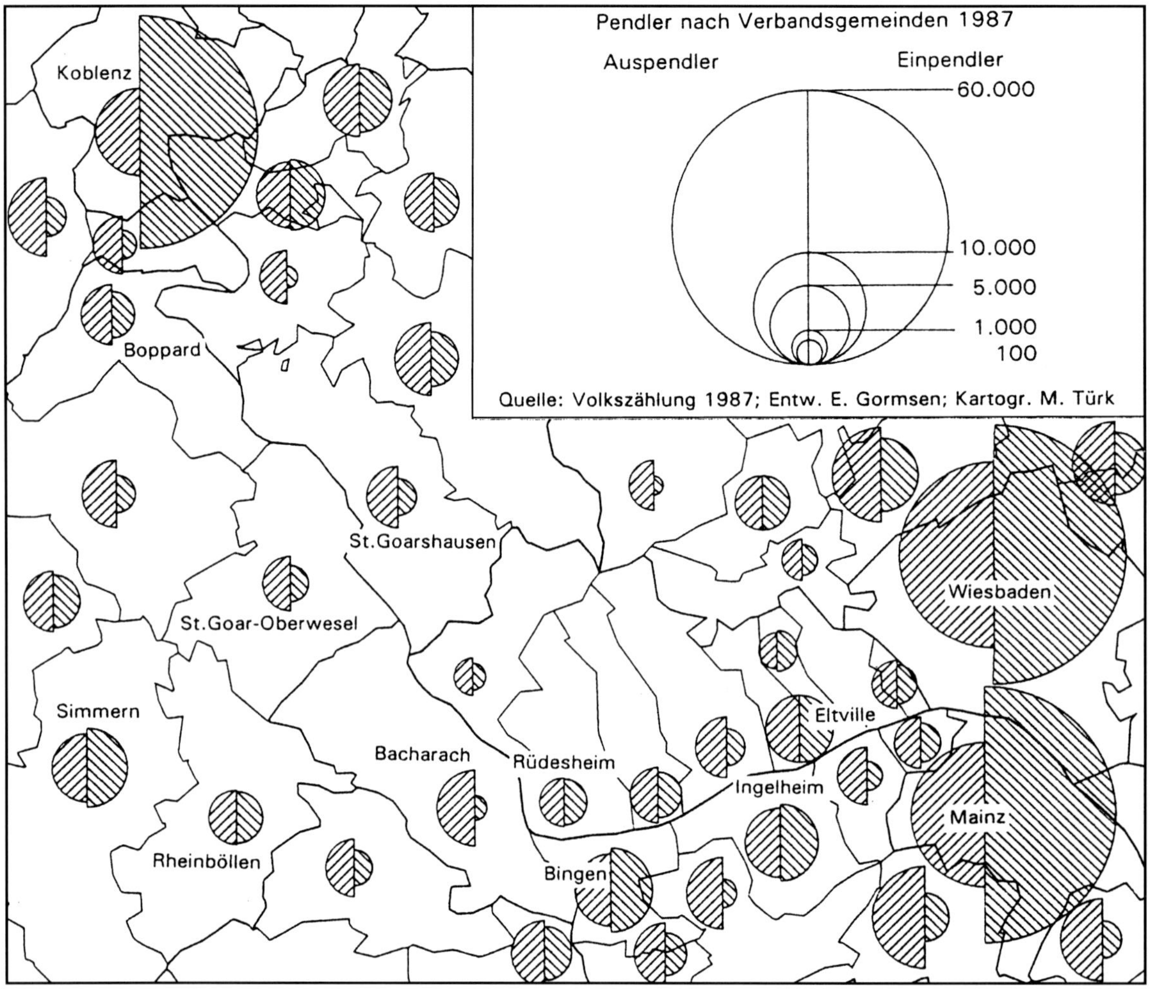


***90** Pendler im Mittelrheingebiet 1987 nach Verbandsgemeinden. Am Mittelrhein dominieren die Auspendler, ein Zeichen für die schwierige wirtschaftliche Situation der Region.*

Einzugsbereich sich hier mit demjenigen von Koblenz überschneidet (Abb. 90, 91; vgl. Raumordnungsbericht 1993). Aber auch Fahrten bis zu 80 km und mehr sind nicht selten. Obwohl vom Wohnort bis zur Autobahn häufig über 20 km auf Landstraßen zurückgelegt werden müssen, wird dies angenehmer empfunden als Fahrten mit öffentlichen Verkehrsmitteln, da man dort meist umsteigen muss und der Weg von der Wohnung zur Haltestelle sowie vom Zielbahnhof zur Arbeitsstätte hinzukommt. Übrigens setzen sich immer mehr Fahrgemeinschaften von vier bis fünf Personen pro Pkw durch. Die meisten Dörfer mit wenigen hundert Einwohnern sind also zu Pendler-Wohnorten geworden, nachdem nicht nur das örtliche Gewerbe, sondern auch die Agrarwirtschaft auf minimale Werte zurückgegangen ist.

***91*** *Bevölkerungsveränderungen 1970-1987 nach Gemeinden. Die Talgemeinden verlieren Bewohner, währenddessen die Höhengemeinden und vor allem die Ballungsräume deutliche Zuzüge zu verzeichnen haben.*

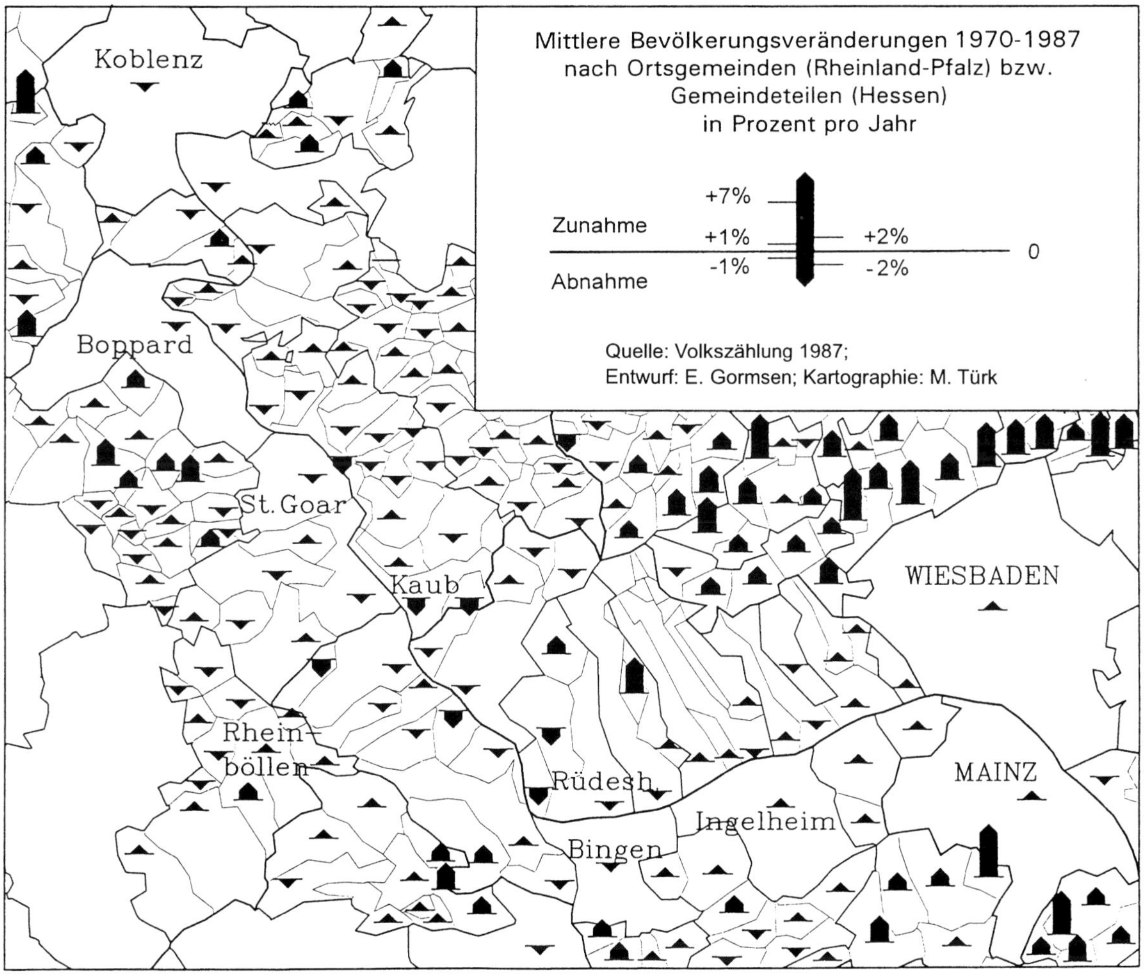


| Ortsgemeinden | | 1950 | 1961 | 1987 | 1995 |
|---|---|---|---|---|---|
| **St. Goar - Oberwesel** | **T + H** | **11 249** | **10 894** | **10 268** | **10 523** |
| *Sankt Goar gesamt* | *T + H* | *3 627* | *3 576* | *3 383* | *3 441* |
| Altstadt | T | 2 000 | 2 118 | 1 574 | 1 448 |
| Biebernheim | H | 794 | 677 | 1 009 | 1 097 |
| Werlau | H | 833 | 781 | 800 | 896 |
| *Oberwesel gesamt* | *T + H* | *5 552* | *5 226* | *4 540* | *4 509* |
| Altstadt | T | 3 943 | 3 646 | 2 954 | 2 852 |
| Dellhofen | H | 349 | 332 | 430 | 487 |
| Langscheid | H | 252 | 217 | 218 | 263 |
| Urbar | H | 547 | 556 | 879 | 846 |
| Weiler-Boppard | T | 461 | 475 | 59 | 61 |
| Damscheid | H | 508 | 480 | 529 | 648 |
| Laudert | H | 308 | 338 | 397 | 420 |
| Niederburg | H | 560 | 604 | 704 | 724 |
| Perscheid | H | 291 | 280 | 354 | 344 |
| Wiebelsheim | H | 403 | 390 | 361 | 437 |
| *Talgemeinden insg.* | *T* | *6 404* | *6 239* | *4 587* | *4 361* |
| *Höhengemeinden insg.* | *H* | *4 845* | *4 655* | *5 681* | *6 162* |

***Tab. 8*** *Bevölkerungsentwicklung in Tal- und Höhen-Orten der Verbandsgemeinde St. Goar–Oberwesel 1950-1995.*
*Quellen: Statistisches Landesamt Rheinland-Pfalz, Gemeindeverwaltung St. Goar–Oberwesel.*

***92*** *Das Fährschiff »Bingerbrück« (um 1900) an der Nahemündung vor dem Mäuseturm, der Ruine Ehrenfels und den kleinteiligen Weinbergterrassen vor der Flurbereinigung.*

## Agrarstruktur und Weinbau

Einem allgemeinen Trend folgend, hat in Rheinland-Pfalz der Anteil der Erwerbstätigen im Primärsektor von 36% (1950) auf 4% (1991) abgenommen (Tab. 9). Dabei gibt es im Mittelrheingebiet wiederum deutliche Unterschiede zwischen den Gemeinden im Tal, in denen seit jeher Handel und Dienstleistungen eine größere Rolle spielen, und denjenigen auf der Höhe, wo der Übergang von landwirtschaftlicher Tätigkeit in das produzierende Gewerbe überwiegt, darunter das Baugewerbe, das sich in Klein- und Mittelzentren der Region etabliert hat.

Insgesamt sind die drastischen Verschiebungen in der Erwerbstätigkeit selbstverständlich eine Folge des allgemeinen Strukturwandels, von dem der Primärsektor besonders betroffen war. Die Zahl der landwirtschaftlichen Betriebe in Rheinland-Pfalz ist von 211 017 (1949) auf 51 594 (1991), also um drei Viertel zurückgegangen, während die landwirtschaftlich genutzte Fläche im gleichen Zeitraum lediglich um 20 Prozent, von 887 970 Hektar auf 712 092 Hektar, abgenommen hat. Es hat also eine beträchtliche Umschichtung auf Kosten der Kleinbetriebe von weniger als 10 Hektar gegeben, die allerdings noch immer 57 % aller Betriebe umfassen. Immerhin ist die Durchschnittsgröße von 4,2 auf 13,8 Hektar angestiegen, gegenüber 28 Hektar im heutigen Deutschland beziehungsweise 21 Hektar in den alten Bundesländern. Die Kleingliederung ist typisch für die südwestdeutschen Gebiete mit traditioneller Realerbteilung. Dabei spielen auch die Weinbaubetriebe eine Rolle, deren Zahl von 151 469 (1945) auf 28 106 (1989/90) gesunken ist. Dagegen sind die bestockten Rebflächen von 58 237 auf 67 952 Hektar ausgeweitet worden. Der Durchschnitt beträgt also 2,4 Hektar, und zahlreiche Winzer bewirtschaften weniger als 1 Hektar, insbesondere am Mittelrhein. Dies ist übrigens das einzige Gebiet, wo seit 1964 die Rebflächen abgenommen haben, ganz im Gegensatz zum benachbarten Rheinhessen, wo heute die Durchschnittsgröße bei 3 Hektar liegt, sowie zum Rheingau mit 2,4 Hektar (Tabelle 10). Hier existieren neben vielen Kleinwinzern auch größere Güter mit bis zu 40 Hektar Rebfläche, darunter einige in der Hand alteingesessener Adelsfamilien oder ehemaliger Klöster wie das Hessische Staatsweingut im Kloster Eberbach.

Die ökonomische Benachteiligung des Mittelrheintales ist auch eine direkte Folge der kleinteiligen Anbauflächen

| Jahr | Primärsektor | | Sekundärsektor | | Tertiärsektor | | Gesamt |
|---|---|---|---|---|---|---|---|
| | absolut | % | absolut | % | absolut | % | absolut |
| 1950 | 536 086 | 36,1 | 537 622 | 36,2 | 411 921 | 27,7 | 1485 629 |
| 1961 | 351 960 | 21,9 | 682 320 | 42,4 | 576 378 | 35,8 | 1610 658 |
| 1970 | 163 724 | 10,7 | 699 848 | 45,9 | 659 573 | 43,3 | 1523 145 |
| 1987 | 86 000 | 5,1 | 655 200 | 39,1 | 932 800 | 55,7 | 1674 000 |
| 1991 | 73 400 | 4,2 | 708 700 | 40,7 | 959 400 | 55,1 | 1741 500 |

***Tab. 9*** *Erwerbstätige nach Wirtschaftsbereichen in Rheinland-Pfalz 1950-1991. Quellen: Statistische Jahrbücher Rheinland-Pfalz (versch. Jahrgänge).*

***93*** *Durch die Errichtung von Großterrassen mit gigantischen Stützmauern hat sich mit der Flurbereinigung das über Jahrhunderte vertraute Landschaftsbild am Mittelrhein tiefgreifend gewandelt (gegenüber Bingen, vgl. Abb. 92).*

auf den landschaftlich so attraktiven Terrassen. Viele von ihnen sind in den letzten Jahrzehnten aufgelassen worden und verbuscht, da sie allein schon durch den Aufstieg auf steilen Treppen einen außerordentlichen Arbeitsaufwand erfordern, der mit Ausnahme einfacher Seilaufzüge weder durch Fahrzeuge noch durch andere Maschinen ersetzt werden kann. Abhilfe hat man sich in jüngerer Zeit durch kostspielige Flurbereinigungen versprochen – beispielsweise im Viertälergebiet um Bacharach, bei Boppard, Oberwesel, Lorch und Rüdesheim. Die großflächigen Maßnahmen sind jedoch trotz teurer Betonmauern und Fahrwege nicht überall von Erfolg gekrönt worden, da in einigen Fällen die Betriebsgrößen nicht angemessen waren, anderswo das erforderliche Eigenkapital nicht ausreichte. Im Gegensatz zu der Gliederung in kleine, kaum wirtschaftlich zu bearbeitende Terrassen, haben die ausgedehnteren Flächen nach der Flurbereinigung jedoch ihr charakteristisches Landschaftsbild weitgehend verloren, wobei allerdings diese Veränderungen wahrscheinlich von einem großen, wenn nicht dem größten Teil der Besucher kaum wahrgenommen werden. Im übrigen trägt auch in jüngster Zeit die Landesregierung von Rheinland-Pfalz noch immer zur Erhaltung des kulturlandschaftstypischen Erscheinungsbildes bei, und zwar durch nicht unwesentliche Zuschüsse zum Agrarhaushalt (Abb. 92, 93, 94; vgl. Hahn 1977; 1979).

Darüber hinaus hängt der Strukturwandel im Weinbau in erheblichem Umfang mit geänderten Absatzstrategien zusammen. Bis nach dem Zweiten Weltkrieg hatten private Winzer kaum andere Möglichkeiten, als den Wein (oder auch den Most) fassweise an Kommissionäre abzugeben, die ihn ausbauten, auf Flaschen zogen und an den Einzelhandel oder direkt an die Kunden verkauften. Mit dem Gewinn konnten sie sich um die letzte Jahrhundertwende neben den »stadtflüchtigen« Pensionären ansehnliche Villen, oft in parkartigen Gärten, am Rande der Weindörfer und Kleinstädtchen bauen (Abb. 97).

Bei steigender Konkurrenz und sinkenden Preisen war

***94*** *Durch Nutzungsaufgabe ehemaliger Weinbauterrassen schreitet die Verbuschung und Wiederbewaldung der Rheinhänge (hier bei Rhens, 1976) sehr schnell fort.*

| | 1964 | | | 1989 | | |
|---|---|---|---|---|---|---|
| | Betriebe | Rebfläche | ha / Betr | Betriebe | Rebfläche | ha / Betr |
| Rheinland-Pfalz | 64 124 | 48 006 | 0,7 | 28 106 | 67 052 | 2,4 |
| Weinbaugebiete | | | | | | |
| Mittelrhein, beide Ufer | 3 544 | 1 578 | 0,4 | 885 | 849 | 1,0 |
| Rheingau | 2 250 | 2 292 | 1,0 | 1 095 | 2 582 | 2,4 |
| Bingen | 4 540 | 3 417 | 0,8 | 2 909 | 8 586 | 3,0 |
| Mainz-Nierstein | 4 895 | 4 115 | 0,8 | 3 224 | 9 878 | 3,1 |
| Ausgewählte Gemeinden, Mittelrhein linkes Ufer | | | | | | |
| Rhens | 45 | 17 | 0,4 | 20 | 9 | 0,5 |
| Boppard | 165 | 95 | 0,6 | 31 | 51 | 1,6 |
| Oberwesel | 204 | 123 | 0,6 | 97 | 116 | 1,2 |
| Bacharach | 231 | 156 | 0,7 | 89 | 105 | 1,2 |
| Manubach | 104 | 63 | 0,6 | 40 | 29 | 0,7 |
| Niederheimbach | 108 | 33 | 0,3 | 16 | 43 | 2,7 |
| Ausgewählte Gemeinden, Mittelrhein rechtes Ufer | | | | | | |
| Braubach | 50 | 22 | 0,4 | 10 | 7 | 0,7 |
| St. Goarshausen | 53 | 23 | 0,4 | 18 | 17 | 0,9 |
| Kaub | 76 | 41 | 0,5 | 20 | 27 | 1,4 |
| Lorchhausen | 179 | 57 | 0,3 | 31 | 15 | 0,5 |
| Lorch | 293 | 184 | 0,6 | 80 | 83 | 1,0 |
| Assmannshausen | 151 | 161 | 1,1 | 63 | 50 | 0,8 |
| Rheingau-Gemeinden | | | | | | |
| Rüdesheim | 335 | 346 | 1,0 | 202 | 214 | 1,1 |
| Geisenheim | 90 | 99 | 1,1 | 60 | 177 | 3,0 |
| Johannisberg | 86 | 170 | 2,0 | 40 | 224 | 5,6 |
| Oestrich-Winkel | 533 | 578 | 1,1 | 256 | 720 | 2,8 |
| Hallgarten | 301 | 221 | 0,7 | 197 | 183 | 0,9 |
| Hattenheim | 145 | 197 | 1,4 | 77 | 232 | 3,0 |
| Erbach | 179 | 166 | 0,9 | 66 | 213 | 3,2 |
| Eltville | 119 | 184 | 1,5 | 48 | 201 | 4,2 |
| Kiedrich | 225 | 129 | 0,6 | 85 | 170 | 2,0 |
| Martinsthal / Rauenthal | 175 | 106 | 0,6 | 100 | 205 | 2,1 |
| Walluf | 54 | 52 | 1,0 | 26 | 68 | 2,6 |
| Bingen | | | | | | |
| Bingen | 690 | 560 | 0,8 | 228 | 660 | 2,9 |
| Gau Algesheim | 286 | 168 | 0,6 | 90 | 256 | 2,8 |
| Ingelheim | 694 | 532 | 0,8 | 219 | 671 | 3,1 |
| Mainz - Nierstein | | | | | | |
| Mainz (mit Vororten) | 382 | 240 | 0,6 | 131 | 255 | 1,9 |
| Nierstein | 458 | 661 | 1,4 | 214 | 845 | 3,9 |

***Tab. 10*** *Entwicklung des Weinbaus im Mittelrheingebiet 1964-1989. Quellen: Statistische Landesämter Rheinland-Pfalz und Hessen. Inzwischen ist die Rebfläche von 849 Hektar auf derzeit (2000) ca. 520 Hektar zurückgegangen.*

diese Art der Vermarktung für Kleinwinzer völlig unrentabel. Daher schlossen sie sich entweder zu Genossenschaften zusammen, oder sie versuchten ihre Betriebe durch Pacht oder Neuanlage von Weinbergen zu vergrößern und den Ausbau sowie den Verkauf des Weines in eigener Regie zu übernehmen – was häufig in »Straußwirtschaften« nur während einiger Wochen im Jahresablauf geschah. Es erforderte nämlich neben Kenntnissen des Weinbaus und der Kellerwirtschaft auch solche der Vermarktung, die heutzutage unter anderem durch Weinproben im eigenen Betrieb sowie durch Anlieferung der bestellten Flaschen mit eigenen Kleinlastwagen bis beispielsweise nach Norddeutschland ergänzt werden. Eine gewisse Betriebsgröße ist also unerlässlich.

Im Übrigen war man bemüht, den Weinabsatz direkt oder indirekt über den Fremden- und Ausflugsverkehr zu steigern. Dabei scheinen, abgesehen von dem lärmenden Zentrum Rüdesheim, die sympathischen Weindörfer und -städtchen im Rheingau bevorzugt zu sein. Zwar war hier die Summe der Übernachtungen seit jeher gering, das heißt sie betrug nur ein Drittel bis zur Hälfte derjenigen von Rüdesheim mit Assmannshausen (Tabelle 11), aber der Besucherstrom, der sich vor allem an Wochenenden aus dem Rhein-Main-Gebiet hierher ergießt, ist um so bedeutender. Leider gibt es darüber keine Statistiken, obwohl mehrere empirische Erhebungen deutliche Hinweise liefern (Beuter 1965; Kanz 1980; Uthoff 1996).

Einen Anhalt bietet auch die Entwicklung des Straßenverkehrs, der sich von 1980 bis 1993 teilweise verdoppelt hat, zum Beispiel von 19 900 auf 40 700 Fahrzeuge am Ostrand des Rheingaus bei Walluf sowie von 10 600 auf 19 400 Kfz zwischen Geisenheim und Rüdesheim und von 4 900 auf 5 600 Fahrzeuge an der Strecke nach Lorch. Immerhin wurden am Sonntag, den 15. Mai 1960, bei der »Osteinfahrt« in den Rheingau bereits 5 530 Fahrzeuge gezählt, was etwa 11 000 Kfz in beiden Fahrtrichtungen entsprach. Dies bedeutete nicht den Jahresdurchschnitt, sondern einen Spitzenwert. Doch in Erwartung einer starken Zunahme wurde schon in den fünfziger Jahren die Bundesstraße B42 als breite Uferstraße neu gebaut. Dadurch wurden die engen Ortsdurchfahrten entlastet, die Orte selbst und einige bevorzugte Ausflugslokale aber gleichzeitig vom Rhein abgetrennt.

***95*** *Die Marksburg bei Braubach ist die einzige unzerstörte Höhenburg am Mittelrhein. Sie ist ein besonderer Anziehungspunkt und Sitz der deutschen Burgenvereinigung.*

Um den besonders attraktiven Uferpromenaden von Eltville bis Niederwalluf dasselbe Schicksal zu ersparen, wurde jahrzehntelang eine heftige Diskussion zwischen Uferanliegern, Winzern und Behörden geführt (Volkmann 1977), bis schließlich 1986 die vierspurige Nordumgehung eröffnet wurde, die 1993 schon von rund 33 000 Fahrzeugen täglich genutzt wurde. Dagegen quälten sich 1985 noch über 20 000 Autos durch die malerische Altstadt. Dies hatte unendliche Staus mit Umweltverschmutzungen und Gefahren für die Anwohner zur Folge, und zwar sowohl an Werktagen als auch vor allem in den Abendstunden schöner Wochenenden bei der Rückkehr vom Rheingau in die Großstädte. Allgemein wurden an Sonn- und Feiertagen die meisten Fahrzeuge gezählt, bevor sich in jüngster Zeit der private Pkw für Berufspendler durchgesetzt hat. Im Gegensatz zum Mittelrheintal gab es übrigens im Rheingau keine Schwierigkeiten für den Bau der Eisenbahn auf der Rückseite der Siedlungen am Fuß der sanft ansteigenden Hänge. Eine äußerst kritische Ausnahme bildet lediglich Rüdesheim. Ausgerechnet im größten Touristenort der Region fahren die Züge auf

**96** *Villen von Weinkommissionären wie hier in Kiedrich zeugen vom Florieren des Weinbaus und Weinhandels im Rheingau um die Jahrhundertwende.*

einem Uferdamm, der höher ist als die später auf angeschüttetem Gelände gebaute Straße und höher als das Erdgeschoss der älteren Häuser, so dass die Stadt völlig vom Fluss getrennt ist. Außerdem wird der Straßenverkehr durch eine Bahnschranke sowie durch die Zufahrt zur Rheinfähre nach Bingen behindert. Dieser besonders unerfreuliche Zustand führt immer wieder zu langen Schlangen in der Hauptstraße und wurde schon 1962 folgendermaßen kommentiert: »Dieser Punkt bedarf einer baldigen Lösung. Die Stadt Rüdesheim wünscht die Verlegung der Eisenbahn in einen Tunnel (...) Gleichgültig welche Entscheidung gefällt wird, eine baldige Lösung dieses Gefahrenpunktes auf der rechten Rheinstrecke ist notwendig« (Bausinger 1962, S. 100). 1998 schließlich wurde der Beschluss zum Ausbau gefasst.

| | 1974 | | 1984 | | 1994 | |
|---|---|---|---|---|---|---|
| | Inländer | Ausländer | Inländer | Ausländer | Inländer | Ausländer |
| Lorch | 9 455 | 2 845 | 35 479 | 3 104 | 11 617 | 182 |
| Assmannshausen | 94 581 | 33 159 | zu Rüdesheim | | zu Rüdesheim | |
| Rüdesheim | 299 512 | 151 136 | 452 284 | 294 367 | 348 152 | 169 710 |
| Geisenheim | 11 172 | 1 059 | 14 025 | 861 | 17 159 | 1 141 |
| Oestrich-Winkel | 49 658 | 5 176 | 57 773 | 17 548 | 37 961 | 4 046 |
| Eltville | 16 044 | 3 728 | 36 405 | 6 263 | 47 343 | 4 767 |
| Walluf | 4 877 | 998 | keine Angaben | | 16 296 | 1 151 |
| Kiedrich | 26 389 | 202 | 51 391 | 2 | keine Angaben | |
| **Summe** | **511 688** | **198 303** | **647 357** | **322 145** | **478 528** | **180 997** |

***Tab. 11**: Fremdenübernachtungen im Rheingau 1974-1994 nach Inländern und Ausländern für ausgewählte Jahre. Quelle: Statistisches Landesamt Hessen*

Der Rheingau wird seit langem als Wohngegend geschätzt, anfangs in den Rheinufer-Gemeinden, neuerdings aber vor allem in der Höhenzone oberhalb der Weinberge, die seit den sechziger Jahren durch moderne Straßen erschlossen wurde. Die entsprechenden Dörfer haben 1970-1987, im Gegensatz zur Uferzone, beträchtlich an Einwohnern zugenommen. Ein detaillierter

***97, 98*** *Eltville ist einer der wenigen Orte des Rheingaus, dessen Verbindung zum Rhein nicht durch Verkehrswege unterbrochen wurde (links). Der ursprüngliche Zustand des Rheinufers mit Promenaden, Hotels, Restaurants, historischen Gebäuden und Parks ist noch weitgehend erhalten (rechts).*

Vergleich mit dem bis heute andauernden Zuwachs ist leider nicht möglich, da die Fortschreibungen (abgesehen von dem oben genannten methodischen Problem) jeweils die Gesamtgemeinden mit mehreren Tal- und Höhenorten umfassen. Getrennt erhoben werden lediglich die sozialversicherungspflichtig Beschäftigten. Von diesen arbeitete 1994 nur knapp ein Drittel in der eigenen Gemeinde, 27 Prozent pendelten nach Wiesbaden und 16 Prozent in Orte außerhalb des Rheingaus, insbesondere nach Frankfurt und Mainz. Das restliche Viertel hatte einen Arbeitsplatz innerhalb des Gebiets, vor allem in Eltville, Geisenheim und Rüdesheim. Hier gibt es neben dem Fremdenverkehr und dem Öffentlichen Dienst, darunter der international angesehenen Forschungsanstalt und Fachhochschule für Wein- und Gartenbau in Geisenheim, mehrere bekannte Betriebe zur Weinbrand- und Sektherstellung, aber auch der Metallverarbeitung.

Nicht erfasst von der Pendlerstatistik wurden Beamte und Angehörige höherer Einkommensschichten (»Edelpendler«), die die guten Wohnlagen des Rheingaus bevorzugen. Besonders stark war übrigens die Bevölkerungszunahme in den Orten nördlich von Wiesbaden, die seit den sechziger Jahren zu den wichtigsten Wohnvororten der hessischen Hauptstadt wurden (vgl. Gormsen 1977).

**99** *Die Hänge unter der Burgruine Stahleck und dem gegenüber von Bacharach gelegenen Ufer sind in den zwanziger Jahren noch weitgehend waldfrei.*

## Tourismus und Ausflugsverkehr

Die Betrachtung der verschiedenen Wirtschaftsbereiche und insbesondere der Verkehrsinfrastruktur hat ergeben, dass im Rheintal, das heißt im weiteren Uferbereich des Stromes, der Fremdenverkehr als einziger Sektor einen wirtschaftlichen Aufschwung bewirkt hat. Aber auch dieser entwickelte sich nicht kontinuierlich, sondern in drei ganz unterschiedlichen Phasen:

1. Vor dem Ersten Weltkrieg ergab er sich als direkte Folge der Rheinromantik in Form der »Sommerfrische« bürgerlicher Familien mit Spaziergängen, Bootsfahrten und einem gewissen Interesse an der regionalen Kunst und Kultur.

2. In den dreißiger Jahren wurde er teilweise gesteuert durch die Bewegung »Kraft durch Freude (KdF)«, die ihrerseits eine Untergliederung der Pseudogewerkschaft "Nationalsozialistische Deutsche Arbeitsfront (DAF)" bildete, sowie durch die nach und nach gleichgeschalteten Wander- und Brauchtumsvereine, die politisch und/oder religiös beeinflusste Jugendbewegung und den »Wandervogel«.

3. Der rapide Aufschwung des Fremdenverkehrs nach dem Zweiten Weltkrieg bedeutete für einige Regionen den Beginn des Massentourismus. Dieser war zunächst noch sehr bescheiden und auf Europa beschränkt. Dass er jedoch seit etwa zwei Jahrzehnten seinen Höhepunkt überschritten hat, lag wohl teilweise, aber gewiss nicht ausschließlich an der Konkurrenz der globalen Tourismusveranstaltungen, die etwa zur gleichen Zeit mit Omnibusrundfahrten, Liegewagenzügen zu den Adriastränden (»Teutonen-Grill«), Charterflügen, Kreuzfahrten, Ferienanlagen vom Typ »Club-Méditerranée« oder anderen Pauschalangeboten einsetzte.

Tatsächlich haben diese unterschiedlichen Phasen der Raumnutzung durch den Menschen auch ganz verschiedene Folgeerscheinungen hinterlassen, die innerhalb der betroffenen Regionen jede für sich an ihren eigenständigen Spuren im Kulturlandschaftsbild sowie an den Verhaltensweisen der einheimischen Bevölkerung wiederzuerkennen und nachweisbar sind. Wie fast überall treten sie im Städtebau und in der Architektur am deutlichsten zutage, und hier wiederum vor allem an den neumittelalterlichen Bauwerken der Rheinromantik. Ein Vergleich mit alten Postkarten oder mit den Abbildungen alter Reisebeschreibungen aus der Zeit vor hundert Jahren führt immer wieder zu erstaunlichen Erkenntnissen, auch

**100** *Im Jahre 1980 ist die Bewaldung an der nun wieder aufgebauten Burg Stahleck noch einmal weiter fortgeschritten.*

im Hinblick auf den Wiederaufbau von Burgen (Abb. 99, 100).

Ähnliches trifft zu bei der Frage nach dem Bau oder der Sanierung von Kirchen, denkmalwürdigen öffentlichen Gebäuden oder Altstadtensembles, nicht zu vergessen der zahlreichen Hotels und der sonstigen Spezialeinrichtungen für den Fremdenverkehr. Hier hat es nicht nur zeitgemäße Wandlungen im Baustil und in der Funktion der »gebauten Umwelt« gegeben, sondern auch insgesamt eine Zunahme in fast allen Bereichen des Angebots, die auf Steigerungen der Nachfrage reagiert haben. Dass es dabei nicht selten auch zu fragwürdigen Stilmischungen hinsichtlich der angeblich regional oder historisch überkommenen Architektur und Dekoration der Gebäude gekommen ist, sei nur am Rande erwähnt. Hierbei handelt es sich meist nicht um spezifische Phänomene des Mittelrheingebietes, sondern um Formen, die heute die meisten unserer großen und kleinen Städte prägen, wie etwa das giebelständige Haus mit relativ flacher Dachneigung, das ursprünglich vor allem im Alpenraum verbreitet war.

Mit den oben genannten Phasen ist auch eine zunehmende Differenzierung – gerade in den Erscheinungsbildern des Fremden- und Ausflugsverkehrs – einhergegangen, die in den Reiseführern verschiedener Länder und Verlage eine entsprechende Erwähnung findet. So beschränkt sich im amerikanischen Berkeley Guide (1993) – der freilich ganz Deutschland berücksichtigt und weniger Einzelheiten erwähnen kann – die Attraktivität des Mittelrheintals auf die Orte Koblenz, Rüdesheim und Assmannshausen, wobei das Schwergewicht auf einer mehr oder weniger ausführlichen Besprechung der verschiedenen Weinsorten liegt, beispielsweise eines »full bodied Riesling«, wie er bekanntlich im Rheingau vorherrscht, oder eines »finestyle wine«, der dem Rotwein von Assmannshausen nahe kommen soll. Ein Vergleich mit den detaillierten Angaben in den Führern von Baedecker (1994) oder

***101*** *Die Weinberge am Mittelrhein bieten dem Besucher zahlreiche Wander- und Erholungsmöglichkeiten in einer als attraktiv empfundenen Landschaft.*

Schäfke/Dumont (1982 ff.) ist daher kaum angebracht.

Im übrigen ist der Anteil ausländischer Gäste trotz des allgemeinen Rückgangs noch immer recht hoch. Er betrifft in einigen Fällen annähernd die Hälfte aller Touristen und ist teilweise sogar stärker gestiegen als die Gesamtheit der gemeldeten Fremden (Tab. 11). Dass rund die Hälfte aller Ausländer Briten sind, und dass sie sich an wenigen Orten wie der Umgebung von Boppard, St. Goarshausen (Loreley) und Rüdesheim (Niederwald) konzentrieren, hat wohl mit ihrem traditionellen Verhalten zu tun, das sich immerhin in einem Zeitraum von anderthalb Jahrhunderten, das heißt etwa sechs Generationen, herausgebildet hat. Anscheinend besteht für Briten und insbesondere Niederländer einerseits ein Interesse am Landschaftserlebnis des »Gebirges« und des darin eingeschnittenen Canyons, andererseits an dem seit jeher vorhandenen Wunsch nach einem möglichst kurzen und bequemen Durchgang in den Süden, das heißt in die Schweiz und an das Mittelmeer. Ähnliches gilt offenbar auch für Skandinavier, ganz im Gegensatz zu den Franzosen.

Davon abgesehen hat es erhebliche Veränderungen im Hinblick auf die Transport- und Unterkunftssituation gegeben, und zwar unabhängig von der allgemeinen Motorisierung mit Omnibussen und privaten Automobilen (siehe Seite 69f.). Diese Veränderungen hatten ihren Ursprung zum Teil schon in den zwanziger Jahren oder gar in der Zeit vor dem Ersten Weltkrieg. So bildete das Wandern mit seiner äußersten Bescheidenheit ganz bewusst einen Gegenpol zu dem Luxus, der in der ersten und zweiten Klasse der Eisenbahn und in der Passagierschiffahrt immer mehr verfeinert worden war. Dabei gab es ja zunächst noch vier Klassen und – bis in die fünfziger Jahre – immerhin noch drei Klassen mit Holzbänken, auch in Schnellzügen. Und doch kam es recht bald zu Verbindungen zwischen beiden Systemen, denn von den überall gegründeten Natur- und Wandervereinen wurden zahlreiche markierte Fußwege angelegt, mit Brücken über kleinere Bäche, Geländern und Stegen an steilen Hängen, Ruhebänken, Schutzhütten und anderen Einrichtungen zur Erschließung der Umgebung von Bahn- und Schiffsstationen. Sie wurden später durch längere Wanderwege und großmaßstäbige Wanderkarten noch enger miteinander verknüpft, während sich die Ortsvereine nach und nach den übergeordneten Landschafts- und Landesverbänden anschlossen (Abb. 101, 102).

Hinzu kam, ebenfalls in den zwanziger Jahren, das Fahrrad als wichtiges und preiswertes Transportmittel, das auch die Mitnahme eines schweren Rucksacks über längere Strecken erlaubte. Es konnte aber auch im Gepäckwagen der meisten Züge gegen geringes Entgelt

***102*** *Wege und Trockenmauern der Weinberge und Terrassen benötigen ständige Unterhaltung. Mit fortschreitender Nutzungsaufgabe ist die aufwändige Instandhaltung oft nicht mehr gewährleistet; die Stützmauern aufgegebener Weinberge verfallen.*

mitgenommen werden und ermöglichte auf diese Weise die Überwindung großer Entfernungen für wenig geübte Radfahrer. Damit verbunden war der Ausbau von Jugendherbergen, der vor und nach dem letzten Krieg besonders stark betrieben und öffentlich gefördert wurde. Es waren einerseits große und moderne Häuser, wie dasjenige am Hang zum Niederwald in Rüdesheim, andererseits eher romantische Herbergen, die beim Wiederaufbau oder bei der Sanierung alter Burgen eingerichtet werden konnten. Dazu gehören beispielsweise die Jugendherberge in der Festung Ehrenbreitstein gegenüber von Koblenz, auf der Schönburg bei Oberwesel oder in der Burg Stahleck oberhalb von Bacharach. Mit ihrer Höhenlage und dem weiten Blick über das Tal ist freilich ein Nachteil verbunden, vor allem wenn man mit Fahrrädern ohne Gangschaltung unterwegs ist, wie es nach dem Krieg noch größtenteils üblich war, denn dies bedeutete, dass man ausgerechnet am Ende einer anstrengenden Tagesetappe noch den Anstieg zur Burg überwinden musste. Viele Herbergen wurden übrigens in jüngster Zeit erneut modernisiert und damit den gestiegenen Ansprüchen von Gruppen und Einzelreisenden angepasst, was allerdings fast durchweg auf Kosten geringerer Bettenkapazitäten und höherer Preise geschah.

Ähnlich wie das Wandern und die Jugendherbergen bildeten auch die Zeltplätze eine völlig neue Erscheinung im Fremdenverkehr. Dies galt während der zwanziger Jahre gerade in Deutschland, da hier die Jugendgruppen passende Zelte aus den Beständen der ehemaligen Armee günstig erstehen konnten. Sie konnten nach 1945 eine starke Zunahme und Modernisierung verzeichnen, dienten nun aber weniger den größeren Lagergruppen als vielmehr Einzelreisenden oder Familien mit kleinen Zelten. Der Wandel kam unter anderem in der internationalen Bezeichnung »Campingplatz« gegenüber dem noch gebräuchlichen Begriff »Zeltplatz« zum Ausdruck. Letztere waren in der frühen Zeit tatsächlich mit sanitären und anderen Einrichtungen sehr viel schlechter ausgestattet als heute (Abb. 104).

Noch deutlicher wurden die Veränderungen in Bezug auf die von den Touristen genutzten Fahrzeuge, nachdem sich in den fünfziger und sechziger Jahren die Motorräder und -roller immer mehr ausgebreitet hatten und sich mit der stärkeren Motorisierung nach 1970 allmählich immer größere und komfortablere Wohnmobile durchsetzten. Damit hängt es unter anderem zusammen, dass Aussagen über die Unterkunftskapazitäten in dieser Kategorie recht unsicher sind und eher auf Schätzungen beruhen, beziehungsweise auf Hochrechnungen anhand der aufgelisteten Stellplätze.

***103*** *Der private Bootsverkehr auf dem Rhein bietet noch ein erhebliches Entwicklungspotential.*

***104*** *Die nicht selten anzutreffenden Campingplätze entsprechen dem Erholungsbedürfnis vieler Menschen. Aus landespflegerischer Sicht sind solche Konzentrationen von „Plastikwohnungen" allerdings eher eine Belastung für das Landschaftsbild, besonders gegenüber der Loreley.*

**105** *Trotz eines ausreichenden Angebots an Liegeplätzen in den früheren Schutzhäfen an der Loreley, bei St. Goar und Oberwesel haben die Besitzer von Motoryachten den Mittelrhein noch nicht als Ausflugsziel entdeckt.*

Vergleichbar ist in diesem Punkt übrigens die Statistik über die tatsächlich verfügbare Bettenzahl der Ferienwohnungen, bei denen jeweils nur die Höchstzahl der verfügbaren Schlafplätze in einem solchen Appartement angegeben werden kann. Unter diesen Voraussetzungen ist es immerhin erstaunlich, dass selbst bei vorsichtiger Schätzung die Kapazität der Campingplätze zwar geringer ist als diejenige der Hotels, dass sie aber alle anderen Kategorien übertrifft, gerade auch die Vermietung von Ferienwohnungen sowie von privaten Einzel- und Doppelzimmern, die in früheren Zeiten – beispielsweise unter der Regie der nationalsozialistischen »Kraft durch Freude« – eine größere Rolle gespielt haben. Die Zahl dieser Unterkünfte ist freilich in der amtlichen Fremdenverkehrsstatistk seit 1981 deshalb zurückgegangen, weil wegen einer Neufassung der Gesetzesgrundlage nur noch Betriebe mit neun oder mehr Gästen erfasst werden müssen. Trotzdem zählen einige Gemeinden aus eigenem Interesse noch immer die kleineren Privatquartiere und -pensionen nach der früheren Regelung, um einen besseren Überblick über die eigene Situation zu gewinnen.

Erschwert wird eine einigermaßen zuverlässige Einschätzung über die Bedeutung der Campingplätze ferner dadurch, dass zahlreiche Stellplätze ganzjährig vermietet sind, also dem durchreisenden Fremdenverkehr normalerweise nicht zur Verfügung stehen. Nicht wenige dienen ihren Besitzern als eine Art Zweitwohnung, was in einigen Fällen bis zur Anlage eines gepflegten Minigartens rings um den aufgebockten Wohnwagen führen kann. Dies trifft insbesondere für solche Campingplätze zu, die von den Verdichtungsräumen Koblenz und Köln–Bonn beziehungsweise Rhein–Main über Autobahnen oder Schnellstraßen relativ leicht erreichbar sind, also zum Beispiel Rhens und Braubach im Norden unseres Gebiets sowie Trechtinghausen, Bingen-Kempten und Heidenfahrt im Südosten mit jeweils mehr als 40% Dauermietern. Unberücksichtigt bleiben in jedem Fall die Wohnmobile, die während des größten Teils des Jahres auf nicht gesondert ausgewiesenen Plätzen abgestellt sind.

Ausgerechnet die älteste Art der Binnenschiffahrt, das heißt die kleinen Ruder- und Segelboote, haben seit etwa hundert Jahren ihre Funktion gegenüber der vielfältigen Konkurrenz weitgehend eingebüßt. Nur wenige dienen noch der Fischerei oder der Bearbeitung der Felder auf den Inseln im Strom durch die Bauern der Umgebung. Dagegen sind an ihre Stelle moderne Fähren, Ausflugsschiffe und in jüngster Zeit zahlreiche Motorboote getreten. Die ständig vergrößerten Fähren zwischen beiden Ufern des Rheins werden eingesetzt, um den Verkehr – auch zum Transport von Fahrzeugen bis hin zu schweren Lastkraftwagen und Omnibussen – zu bewältigen, zumal seit der Zerstörung der

Eisenbahnbrücke zwischen Bingen und Geisenheim am Ende des Krieges keine feste Verbindung mehr den Stromabschnitt von Mainz bis Koblenz überspannt.

Einen ganz anderen Zweck verfolgt demgegenüber eine neue Generation von Motor- und Segelbooten auf dem Rhein (Abb. 103, 105). Sie unterscheiden sich sowohl in ihrer Funktion als auch nach den äußeren Formen mehr oder weniger eindeutig von den bisherigen. Innerhalb der übergeordneten Ziele des Fremden- und Ausflugsverkehrs – Erholung, Sport und Vergnügen im weitesten Sinne – verfügen sie, je nach den Ansprüchen und dem persönlichen Vermögen des Besitzers, neben einer selbstverständlich notwendigen technischen Ausstattung auch über eine angemessene Einrichtung in der Schlaf- und Wohnkajüte, um nicht nur für kleine Touren, sondern auch für größere Ausfahrten geeignet zu sein. Mit derartigen Segel- oder Motoryachten lässt sich die Illusion einer besonders freien und ungebundenen Art der Fortbewegung und Unterkunft fast ideal verkörpern. Sie treten damit bis zu einem gewissen Grad an die Stelle der in Frankreich und den Niederlanden weit verbreiteten, oft aus alten Frachtkähnen (*péniches*) umgebauten Hausboote.

Recht aufschlussreich ist in diesem Zusammenhang die Betrachtung der verschiedenen neuen Erscheinungsformen des Fremdenverkehrs entlang des Rheinlaufs. So wird der Segelsport unter anderem auch durch die Breite des Stromabschnitts zwischen Mainz und Bingen sowie darüber hinaus durch das Fehlen von Brücken am Mittelrhein bis Koblenz begünstigt. Außerdem gibt es in diesem Bereich mit den steilen Ufern nicht genügend Platz zum Bau von Häfen für Sportboote in Ergänzung zu den traditionellen Winterhäfen, die kleineren Frachtschiffen und -kähnen bei ausgeprägtem Hoch- oder Niedrigwasser oder bei dem immer seltener auftretenden Eisgang Schutz bieten würden, während im Gegensatz dazu in den Altwasserarmen an den flachen Ufern des Rheingaus ausgedehnte Wasserflächen zur Anlage von regelrechten »marinas« mit bis zu hundert und mehr Liegeplätzen für Boote vorhanden sind (Abb. 105).

Die Boote dienen in erster Linie dem Naherholungsverkehr, und zwar für Ausflugsfahrten an Wochenenden oder an langen Sommerabenden der im weiteren Umkreis ansässigen städtischen Bevölkerung. Dies heißt umgekehrt, dass nur ein kleiner Teil solcher Boote in der Hand von Besuchern aus weiter entfernten Regionen ist, die den Rhein und andere Binnenwasserstraßen Europas auf Rundreisen dieser Art befahren.

Hinsichtlich der räumlichen Differenzierung der übrigen Fremdenverkehrs- und Unterkunftsarten ergibt sich folgendes Bild: Hotels mit und ohne Restaurants stellen den größten Teil der Unterkünfte, selbst wenn man die Stadt Koblenz unberücksichtigt lässt (Tabelle 12). Diese Tabelle beruht auf den offiziellen Unterkunftsverzeichnissen der einzelnen Gemeinden für das Jahr 1997 und ist nach folgenden Kriterien gegliedert: Unter den Ortsnamen mit angehängtem H und einer hochgesetzten Ziffer (Beispiel »St. Goar H2«) sind eingemeindete Ortsgemeinden, beziehungsweise Gemeindeteile zusammengefasst, die nicht im Uferbereich des Rheins oder in enger Verbindung zum Gemeindehauptort liegen, sondern auf einer Höhenstufe (H) des beiderseits aufsteigenden Schiefergebirges. Die meisten von ihnen wurden erst nach dem Zweiten Weltkrieg entsprechend erschlossen.

Die kursiv mit einem Stern (*) versehenen Angaben betreffen Hotels, die in jüngster Zeit in alten Burgen eingerichtet wurden. Daten mit zwei Sternen (**) beziehen sich dagegen auf Sanatorien oder Kurkliniken, die nur in Boppard und seiner nächsten Umgebung vorkommen. Hier besteht offenbar eine gewisse Wechselwirkung: denn einerseits wurde Boppard schon früh von englischen Touristen bevorzugt, andererseits bot die dadurch gegebene überdurchschnittliche Ausstattung mit guten Hotels neben den naturgeographischen und historischen Voraussetzungen in verschiedenen Höhenstufen eine wichtige Grundlage für die Ansiedlung gerade solcher spezifischer Einrichtungen für den Urlaub, die über den herkömmlichen Rheintourismus hinausgehen. Denn interessanterweise fehlt hier eine typische Erscheinungsform mittelrheinischer Stadtbilder, nämlich eine hochragende Burg aus dem Mittelalter. Immerhin ist es in Boppard gelungen, die Bahngleise und die Bundesstraße (B9) an der Bergseite entlangzuführen und so für die zwölf Hotels und Gaststätten am Ufer nicht nur den Blick über den Fluß und auf die gegenüber liegenden Berge mit den Burgen Sterrenberg und Liebenstein (»die feindlichen Brüder«) frei zu halten, sondern auch den Lärm des Durchgangsverkehrs weitgehend zu vermindern.

Diese Aspekte tragen unter anderem dazu bei, dass Boppard seit jeher neben Rüdesheim am oberen Mittelrhein dominiert, und zwar sowohl nach dem Angebot an Hotelbetten, als auch nach ihrer Nutzungsart, das heißt nach der Zahl der Gästeankünfte und ihrer Aufenthaltsdauer. Was die letztere betrifft, so steht verständlicherweise der seit dem ausgehenden Mittelalter bekannte Wallfahrtsort (Kamp-) Bornhofen – am rechten Ufer des Rheins, südlich von Braubach – an erster Stelle. Dass Rüdesheim ein Sonderfall ist, wurde oben schon ausführlich dargelegt. Die grundlegend andere Einstellung

***106*** *Die meisten Hotels die Mittelrheintales sind in ihrer Architektur gut in die lokale Bausubstanz eingefügt, auch wenn es sich um größere Gebäudekomplexe handelt wie hier das Hotel Krone in Assmannshausen, das in den letzten 300 Jahren kontinuierlich erweitert wurde.*

***107*** *Leider hat es in der jüngsten Vergangenheit wiederholt Versuche gegeben, wenig angepasste Bettenburgen mit öder Funktionalität im Mittelrheintal zu etablieren. In Einzelfällen endeten sie als Bauruine wie das Hotel Victoria in Lorch; hier die Fotomontage aus einem Werbeprospekt.*

beruht hier auf der ausgezeichneten Lage im Übergang vom steilen Engtal zum aufgelockerten Rheingau, die besonders markiert wird durch den Niederwald mit seinem imponierenden Denkmal, das schließlich zum auslösenden Faktor einer völlig anderen Tourismusart wurde, die mit Boppard nur die relativ großen Zahlen gemein hat, während sich das Urlaubsinteresse und das Verhalten der Touristen an beiden Orten diametral unterscheiden.

In einer mittleren Größenordnung liegen so bekannte Fremdenverkehrsorte wie Assmannshausen, Bacharach, Bingen, St. Goar, St. Goarshausen, aber auch Schlangenbad, einer der wenigen Höhenkurorte im Rheingau, der bereits im 19. Jahrhundert durch englische Besucher einen gewissen Bekanntheitsgrad erreicht hatte und durch eine Kleinbahn mit Eltville verbunden war. Unter direktem englischen Einfluß, hier von Baron John Sutton, wurde übrigens zur gleichen Zeit der alte Dorfkern von Kiedrich mit dem gut erhaltenen Kirchhof-Ensemble der Michaelskapelle und der Valentinskirche restauriert, einem Muster gotischer Dorfkirchenkunst aus dem Ende des 15. Jahrhunderts. Besonders hervorzuheben sind hierbei neben dem Lettner das wunderschön mit Buchstabenornamenten geschnitzte Gestühl und die aus derselben Epoche stammende Orgel, eine der ältesten bespielbaren überhaupt. Und dem persönlichen Interesse Suttons ist es zu verdanken, dass die Mainzer Chorschule aus dem Mittelalter einschließlich der sogenannten »Hufnagelnoten« bis heute erhalten werden konnten (Schäfke 1982).

Heute ist ein zentraler Konflikt der widerstreitenden Interessen die Frage, ob Beherbergungsbetriebe und Hotelneubauten primär "angepasst" oder "funktional" als "Bettenburg" geplant und errichtet werden sollen. Starke Interessengegensätze sind hier immer wieder vorprogrammiert; die Landschafts- und Landesplanung mag hier aber ausgleichend und regulierend eingreifen, sozusagen als Schiedsrichter zwischen Partikularinteressen und übergeifenden Staatsinteressen (Abb. 106, 107).

| Ort | Hotels | | Betten | | H. Garni | B | Priv.B | Fewo | JH | B | Camp. | K | *B insg.* |
|---|---|---|---|---|---|---|---|---|---|---|---|---|---|
| ***Koblenz gesamt*** | ***46*** | | ***2518*** | | ***16*** | ***851*** | ***63*** | ***163*** | ***1*** | ***186*** | ***2*** | ***1260*** | ***5041*** |
| Rhens+Brey+Spay | 8 | *1*** | 240 | *14*** | 1 | 55 | 55 | 22 | | | 2 | 1050 | *1436* |
| Boppard | 23 | *1*** | 1565 | *84*** | 16 | 294 | 100 | 163 | | | 1 | 660 | *2866* |
| Boppard $H^1$ | 2 | | 54 | | 1 | 15 | 14 | 29 | | | | | *112* |
| Bad Salzig | 8 | *1*** | 447 | *178*** | | | 41 | 45 | | | | | *711* |
| St. Goar | 15 | *1** | 520 | *120** | 5 | 109 | 6 | 63 | 1 | 130 | 3 | 1350 | *2298* |
| St. Goar $H^2$ | 1 | | 25 | | 1 | 10 | 27 | 34 | | | | | *96* |
| Oberwesel | 5 | | 158 | | 3 | 35 | 36 | 117 | 2 | 259 | | | *605* |
| Oberwesel $H^3$ | 5 | | 157 | | 2 | 25 | 81 | 73 | | | | | *336* |
| Bacharach | 8 | | 260 | | 5 | 123 | 34 | 36 | 1 | 165 | 1 | 225 | *843* |
| Bacharach $H^4$ | 2 | | 53 | | 3 | 42 | 39 | 48 | | | | | *182* |
| Trechtingshausen | 4 | *1** | 59 | *28** | 2 | 23 | 16 | 3 | | | 2 | 600 | *729* |
| Trechtingshsn. $H^5$ | 2 | | 60 | | | | 54 | 28 | | | | | *142* |
| Bingen | 7 | | 465 | | 8 | 238 | 107 | 55 | | | | | *865* |
| ***linksrhein. insg.*** | ***90*** | ***5*** | ***4063*** | ***424*** | ***47*** | ***969*** | ***610*** | ***716*** | ***4*** | ***554*** | ***9*** | ***3885*** | ***11221*** |
| Lahnstein | 9 | | 582 | | 3 | 48 | 48 | | | | 4 | 1575 | *2253* |
| Braubach | 6 | | 101 | | 3 | 51 | 21 | 15 | | | 1 | 360 | *548* |
| Filsen | 1 | | 23 | | | | | 6 | | | | | *29* |
| Kamp-Bornhofen | 17 | | 794 | | 3 | 45 | 37 | 21 | | | | | *897* |
| St. Goarshausen | 9 | *1** | 387 | *16** | | | 46 | 48 | | | 1 | 300 | *797* |
| St. Goarshsn. $H^6$ | 1 | | 25 | | | | | | 1 | 100 | 1 | 195 | *320* |
| Kaub | 7 | *1** | 172 | *40** | 3 | 42 | 21 | 23 | | | | | *298* |
| Lorch+Lorchhsn. | 3 | | 49 | | | | 48 | 41 | | | 1 | 330 | *468* |
| Assmannshausen | 13 | | 735 | | 2 | 28 | | | | | | | *763* |
| Rüdesheim | 23 | | 1921 | | 2 | 29 | 107 | 56 | 1 | 150 | 2 | 960 | *3223* |
| Rüdesheim $H^7$ | 4 | | 138 | | | | 20 | 8 | | | | | *166* |
| ***rechtsrhein. insg.*** | ***93*** | ***2*** | ***4927*** | ***56*** | ***16*** | ***243*** | ***348*** | ***218*** | ***2*** | ***250*** | ***10*** | ***3720*** | ***9762*** |
| Rheingau Uferzone[U] | 13 | | 534 | | 6 | 141 | 27 | | | | 1 | 720 | *1422* |
| Schlangenbad | 6 | | 320 | | 2 | 39 | 8 | | | | | | *367* |
| Bad Schwalbach | 4 | | 106 | | 3 | 62 | 20 | | | | | | *188* |
| Rheingau $H^8$ | 9 | | 311 | | 4 | 77 | 42 | | | | 1 | 300 | *730* |
| ***Rheingau[I]*** | ***32*** | | ***1271*** | | ***15*** | ***319*** | ***97*** | | | | ***2*** | ***1020*** | ***2707*** |
| ***Gesamtgebiet*** | ***261*** | ***7*** | ***12779*** | ***480*** | ***94*** | ***2382*** | ***1118*** | ***1097*** | ***7*** | ***990*** | ***23*** | ***9885*** | ***28731*** |

B: Bettenzahl — Fewo: Ferienwohnungen, Angabe der Bettenzahl
Camp.: Campingplätze — K: Kapazität an Schlafplätzen, geschätzt: (dreifache Zahl der Stellplätze)
** Angaben für Burghotels* — *** Angaben für Kurkliniken/Sanatorien*
H: Höhenorte — $H^1$: Holzfeld, Rheinbay, Weiler; — $H^2$: Biebernheim, Werlau;
$H^3$: Dellhofen, Engehöll, Urbar, Niederburg, Damscheid, Laudert, Wiebelsheim, Erbach, Perscheid;
$H^4$: Henschhausen, Steeg, Manubach; — $H^5$: Oberheimbach, Oberdiebach;
$H^6$: Loreley; — $H^7$: Aulhausen, Presberg, Espenschied;
$H^8$: Geisenheim-Johannisberg, Hallgarten, Kiedrich, Eltville-Erbach, E.-Hattenheim, E.-Martinsthal;
*Rheingau[I] = Rheingau insgesamt (ohne die Gemeinden Rüdesheim bis Lorchhausen);*
Rheingau Uferzone[U] = Geisenheim, Oestrich-Winkel, Eltville, Walluf (ohne Rüdesheim bis Lorchhausn.);
*Gesamtgebiet = Summe von Koblenz gesamt, linksrheinisch insg., rechtsrheinisch insg., Rheingau.*

***Tab. 12*** *Bettenkapazitäten des Gastgewerbes nach Unterkunftsarten. Das überwiegende Angebot an Bettenkapazitäten liegt in den Talorten. Quelle: Offizielle Unterkunftsverzeichnisse der aufgeführten Gemeinden.*

## Rückblick und Perspektiven

Das Mittelrheintal ist als landschaftliche „Grundlage" der Aktivitäten des Menschen ein extrem konträres Gegenstück zu den angrenzenden Landschaften Rheinhessen, Rheingau, Taunus, Hunsrück und dem Neuwieder Becken. Gerade darin liegt der Reiz, den der Besucher bei der Reise entlang dem Mittelrhein und insbesondere beim Blick vom Niederwald erlebt: Im Mittelrheintal der enge Canyon mit schroffen Felsen, steilen Weinterrassen und hochragenden mittelalterlichen Burgen, im Rheingau die liebliche Gegend mit allmählich zum Wald ansteigenden Weinbergen, in die malerische Dörfer eingebettet sind, mit Klöstern, Schlössern und Herrenhäusern. Kein Wunder, dass das Brentanohaus in Winkel in dieser von der Natur und Kultur bevorzugten Landschaft ein Treffpunkt der deutschen Romantiker wurde.

Wieder anders zeigt sich Rheinhessen jenseits des seenartig ausgeweiteten Rheinstromes. Hier wird das Ufer von einer breiten Ebene mit Obstpflanzungen begleitet, hinter denen sich das Hügelland mit Weinbergen erhebt, doch es fehlt der Wald auf der Höhe. Die ausgedehnten Siedlungen werden heute von bedeutenden Industrien geprägt, vor allem bei Budenheim und Ingelheim mit seinen Chemiewerken.

Der hier in aller Kürze entworfene Vergleich der drei Gebiete führt zu dem erstaunlichen Ergebnis, dass ausgerechnet das berühmte Mittelrheintal, sozusagen als „extreme" und für das Auge besonders attraktive Landschaft, mit den größten ökonomischen Problemen zu kämpfen hat. Sie finden ihre Ursache in der naturgeographischen Besonderheit des Durchbruchstales, das während seiner ganzen Geschichte die beste Verbindung für den Verkehr von Süddeutschland zur Nordsee darstellte. Doch diese an sich positive Funktion weckte im Mittelalter die Begehrlichkeit vieler politischer Mächte, die hier eine einmalige Gelegenheit zum Eintreiben von Zöllen fanden, weshalb sie die zahlreichen Burgen bauten - im Rahmen der allgemein verbreiteten Kleinstaaterei und territorialen Zersplitterung. Ihre Zerstörung durch die Franzosen am Ende des 17. und des 18. Jahrhunderts weist auf die andere strategische Funktion des Tales hin, nämlich das von Frankreich seit jeher verfolgte Ziel einer »natürlichen« Ostgrenze gegenüber Deutschland. Beide Einflussgrößen haben für die Bewohner des Tales selbst langfristig keine Vorteile gebracht: Die Städtchen blieben bescheiden, und der Weinbau war besonders mühsam. So blieb das Obere Mittelrheintal, trotz seiner Funktion als strategischer Korridor in Nord-Süd-Richtung und potentieller Grenze in Ost-West-Richtung, zusammen mit den klimatisch benachteiligten Mittelgebirgen in der Nachbarschaft immer eine Art »innere Peripherie« zwischen den Gunsträumen im Süden und Nordwesten, in deren fruchtbaren Beckenlandschaften sich auch die großstädtischen Zentren und Verdichtungsräume entwickelten.

Erst die Vorstellungswelt der Romantik führte zur Neubewertung der früher als abweisend empfundenen Durchgangslinie des Rheintals, das nunmehr mit seinen Städtchen, Burgen und Weinbergen als idealistisch überhöhte Landschaft betrachtet wurde und als Reiseziel in Mode kam. Das führte schließlich zur Entwicklung des Massentourismus, der mit seinen Auswüchsen zu einer Belastung für das Rheintal wurde. Doch bietet die Verlegung der Fernverkehrslinien, der Autobahnen und ICE-Strecke, und die Abwanderung eines Teils der Bevölkerung auf die Höhen auch neue Chancen.

Für eine positive wirtschaftliche Entwicklung des Oberen Mittelrheintales bietet eine Neuausrichtung des Tourismus und die behutsame Weiterentwicklung der ökonomischen Basis der Bevölkerung insgesamt die Möglichkeit für einen Ausgleich der Konflikte zwischen der einmaligen Natur- und Kulturlandschaft auf der einen Seite und den berechtigten wirtschaftlichen Partikular-Interessen auf der anderen. So gesehen ist die Aufnahme des Mittelrheintales in die UNESCO-Liste des Welt-Kulturerbes eine Chance, gemeinsam über eine nachhaltige Zukunftsstrategie dieser attraktiven Region, die aber eine besonders durch die Landschaft vorgegebene „Begrenzung" in ökonomischer Hinsicht zu verkraften hat, intensiv nachzudenken und auch entsprechend zu handeln.

## Literaturverzeichnis:


Ament, H. 1986: Koblenz und der Kreis Mayen-Koblenz. In: Führer zu archäologischen Denkmälern in Deutschland 12, 74-89. Stuttgart.

Baedecker, K.: Rheinreise. Verschiedene Jahrgänge.

Bassermann-Jordan, F. V. 1923: Geschichte des Weinbaus (3 Bände). Frankfurt a. M.

Bausinger, G. o. J.: »Zu Rüdesheim in der Drosselgass...«. Wiesbaden.

Bausinger, L. (Hg.) 1962: 75 Jahre Rheingaukreis. Rüdesheim.

Beck, N. 1994: Reliefentwicklung im nördlichen Rheinhessen. Forsch. zur dt. Landeskunde 237. Trier.

Beuter, N. 1965: Der Rheingau als Fremdenverkehrslandschaft. Unveröff. Staatsexamensarbeit. Mainz.

Böhm, H. 1986: Soziale und räumliche Organisation der Stadt. In: Aymans, G. & Boesler, K.-A. (Hg.): Beiträge zur empirischen Wirtschaftsgeographie. Colloquium Geographicum 19. Bonn.

Boehringer, C. H. 1953: Lob des Rheingaus. Ingelheim.

Bretschneider, N. & Breuner, B. 1979: Rüdesheim am Rhein. Rüdesheim.

Brugger, A. & Sarkowicz, H. 1985: Hessen. Eine Landeskunde im Luftbild. Stuttgart.

Büchner, H.-J. 1984: Stagnierende Kleinstädte am oberen Mittelrhein und expandierende Zentren auf der nordöstlichen Hunsrückhochfläche. In: Trierer Geographische Studien, Sonderheft 6, 217-226. Trier.

Bündgen, E. 1987: Die Personenschiffahrt auf dem Rhein. Freiburg.

Bundesministerium für Verkehr (Hg.) 1995: Binnenschiffahrt und Bundeswasserstraßen. Jahresbericht 1993/94. Hamburg/Rostock.

Cohausen, A. v. 1874: Das Rheingauer Gebück. In: Annalen des Vereins für Nassauische Altertumskunde und Geschichtsforschung 13, 149 ff. Wiesbaden.

Cohen, T. 1926: Der Rhein in der französischen Literatur. Diss. Bonn.

Cüppers, H. (Hg.) 1990: Die Römer in Rheinland-Pfalz. Stuttgart.

David, W. 1991: 300 Jahre Blei- und Silberhütte Braubach. Lahnsteiner Historische Schriften 3. Braubach.

Deutsche Bundesbahn AG: Informationen und Statistiken. Verschiedene Jahrgänge.

Dotzauer, W. 1992: Der historische Raum des Bundeslandes Rheinland-Pfalz. Der Weg zu einem Kernraum deutscher Reichsgeschichte (bis 1500). Frankfurt a. M.

Dresemann, O. 1903: Aus der Jugendzeit der Rheindampfschifffahrt. Köln.

Enzensberger, H. M. 1962: Eine Theorie des Tourismus. In: Enzensberger, H. M.: Einzelheiten I, 147-168. Frankfurt.

Falck, L. 1975: Rheinfahrt. Mainz. (Stadtarchiv Mainz.)

Febvre, L. 1994: Der Rhein und seine Geschichte. Frankfurt/Main

Feldtkeller, H. (Hg.) 1965: Die Kunstdenkmäler des Landes Hessen. München/Berlin.

Först, W. (Hg.) 1965: Das Rheinland in preussischer Zeit. Köln.

Gassen, R. W. & Holeczek, B. (Hg.) 1992: Mythos Rhein. Ein Fluß – Bild und Bedeutung. Ludwigshafen.

Gesellschaft für Naturschutz und Ornithologie in Rheinland-Pfalz e.V. (Hg.) 1996: Die Bedeutung des Weinbaus für den Naturschutz und das Landschaftsbild im Bereich des Mittelrheins. Mainz.

Götz, B. (Hg.) 1987: Weinbau. Ein Lehr- und Handbuch für Praxis und Schule. Stuttgart.

Gormsen, E. 1977: Die Bevölkerungsentwicklung des Rhein-Main-Nahe-Raumes in den letzten hundert Jahren. In: Mainzer Geographische Studien 11, 315-325. Mainz.

Gormsen, E. 1996: The cultural landscape on the Upper Middle Rhine and in the Rheingau. In: Beiträge zur Regionalen Geographie 41, 148-177. Leipzig.

Gormsen, E. 1997: Der Mittelrhein zwischen Urlaubsromantik und Schnellverkehr. In: Forschungsmagazin der Johannes-Gutenberg-Universität Mainz 13, 4-19. Mainz.

Gries, H. 1969: Winzer und Ackerbauern am oberen Mittelrhein. Rhein-Mainische Forschungen 69, Frankfurt a. M.

Hahn, H. 1956: Die deutschen Weinbaugebiete, ihre historisch-geographische Entwicklung und wirtschafts- und sozialgeographische Struktur. In: Bonner Geogr. Abhandlungen 18, Bonn.

Hahn, H. 1957: Das Mittelrheintal. In: Berichte zur deutschen Landeskunde 17, 176-193.

Hahn, H. 1957: Boppard am Rhein. In: Stuttgarter Geographische Studien 69, 199-207. Stuttgart.

Hahn, H. 1977: Auswirkungen von Weinbergsflurbereinigungen. In: Erdkunde 31, 193-206.

Hahn, H. 1979: Strukturwandlungen in Weinbaugemeinden des »Oberen Mittelrheintals« im Gefolge von Flurbereinigungen. In: Innsbrucker Geographische Studien 5, 341-355. Innsbruck.

Hahn, H. 1981: Der Einzugsbereich einer Fremdenverkehrsgemeinde. In: Erdkunde 35, 118-129.

Hahn, H. 1983: Boppard/Oberer Mittelrhein. Arbeiten zur Rheinischen Landeskunde 50. Bonn.

Hahn, H. 1988: Die Verbandsgemeinde Emmelshausen. Arbeiten zur Rheinischen Landeskunde 59.Bonn.

Hahn, H. & Zorn, W. (Hg.) 1973: Historische Wirtschaftskarte der Rheinlande um 1820. Arbeiten zur Rheinischen Landeskunde 37. Bonn.

Haubrich, H. o. J.: Der Großraum Koblenz in Luftbildern. Koblenz.

Herchenröder, M. 1965: Der Rheingaukreis. In: Feldtkeller, H., Die Kunstdenkmäler des Landes Hessen, 114ff.

Herold, A.-K. & Schöttke, P. 1998: Das Obere Mittelrheintal: Kulturlandschaftsanalyse und -bewertung unter besonderer Berücksichtigung der UNESCO-Welterbe-Konvention. Diplomarbeit. Mainz.

Herp, H. 1925: Am Rhein. Bielefeld und Leipzig.

Hessisches Landesamt für Straßenbau, Wiesbaden (Hg.): Daten zum Straßenverkehr. Versch. Jahrgänge.

Heyen, F.-J. 1966: Zwischen Rhein und Mosel. Der Kreis St. Goar. Boppard.

Heyen, F.-J. 1988: Der Mittelrhein im Mittelalter. Koblenz.

Hölder E. 1989: Im Zug der Zeit. Stuttgart.
Hugo, V. 1842: Der Rhein, übersetzt von F. W. Dralle. In: Victor Hugo's sämmtliche Werke, 21. Band. Stuttgart.
Informations- und Prospektmaterial sämtlicher im Mittelrheintal liegender Fremdenverkehrsorte.
Janssen, P. G./Stadt und Regionalplanung & Stadt-Land-Fluss Büro für Städtebau und Umweltplanung 1997: Handlungskonzept Mittelrheintal von Bingen bis Lahnstein. Köln.
Jätzold, R. 1984: Der Trierer Raum und seine Nachbargebiete. In: Trierer Geographische Studien, Sonderheft 6, 218-227. Trier.
Kalweit, H. 1991: Die Schiffahrt im Rahmen der Wasserwirtschaft. In: Löber, U. (Hg.), 19-28.
Kanz, H. 1980: Fremdenverkehr und Naherholung im Rheingau und Rheingaugebirge. Diss. Mainz.
Kersten, K. 1957: Der Weltumsegler Johann Georg Adam Forster. O. O.
Keweloh H.-W. 1991: Flöße und Floßholzhandel auf dem Rhein. In: Löber, U. (Hg.), 143-156.
Kimpel, W. 1974: Kaub. Eine kleine Stadt mit großer Geschichte. Kaub.
Kreisverwaltung des Rhein-Lahn-Kreises (Hg.) 1987: Der Rhein-Lahn-Kreis. Oberwesel.
Kremer, B. P. 1985: Der Mittelrhein. In: Rheinische Landschaften. Schriftenreihe für Naturschutz und Landschaftspflege 26. Köln.
Kremer, B. P. & Meyer W. 1994: Das obere Mittelrheintal. In: Rheinische Landschaften. Schriftenreihe für Naturschutz und Landschaftspflege 26. Köln.
Lautenbach, H. & Rudersdorf, W. 1932: Elsaß-Lothringen im internationalen Personenverkehr 1914-1931. In: Petermanns Geographische Mitteilungen 7/8. Gotha.
Lehmann, S. 1934: Die Siedlungen der Landschaft Rheingau. In: Rhein-Mainische Forschungen 1, Heft 9. Frankfurt a.M.
Löber, U. & Gorschlüter, H.-P. (Hg.) 1989: Spurensuche. Frühe Fotografen am Mittelrhein. Veröffentlichungen des Landesmuseums Koblenz, Staatliche Sammlung technischer Kulturdenkmäler 35, Koblenz.
Löber, U. (Hg.) 1991: 2000 Jahre Rheinschiffahrt. Koblenz.
Meynen, E. et al. (Hg.): Handbuch der naturräumlichen Gliederung Deutschlands. Vol. 1, Bad Godesberg 1953ff.
Minaty, W. 1988: Die Loreley. Gedichte, Prosa, Bilder. Frankfurt a.M.
Ministerium für Umwelt Rheinland-Pfalz (Hg.) 1992: Hochwasserschutz am Oberrhein, Studie. Mainz.
Ministerium für Umwelt und Forsten Rheinland-Pfalz (Hg.) 1998: Der Rhein gestern, heute, morgen 1947-1997. Mainz.
Müller-Alfeld, T. & Eggers, W. & Busch, H. (Hg.) 1956: Der Rhein. Frankfurt a. M.
Müller-Miny, H. 1956: Mittelrheinische Landschaft. Berichte zur deutschen Landeskunde, 17.
Neutsch, C. 1990: Reisen um 1800. St. Katharinen.
Nickenig, R. & Rückrich, K. 1995: Zahlen und Fakten. Die deutsche Weinwirtschaft im internationalen Vergleich. In: Schriftenreihe des Dt. Weinbauverbandes, Bonn.
Ortsgemeinde Emmelshausen (Hg.) 1985: Emmelshausen. Koblenz.
Payne, A. H. 1845: Die Ufer des Rheins von Mainz bis Köln. London
Peters, H. J. 1962: Niklas Vogt und das rheinische Geistesleben 1792-1836. Mainz.
Petri, F. 1965: Nordrhein-Westfalen, Ergebnis geschichtlicher Entwicklung oder politische Neuschöpfung? In: Rheinische Vierteljahrsblätter 1/4, Bonn, 139-176.
Planungsgemeinschaft Mittelrhein-Westerwald und Planungsgemeinschaft Rheinhessen-Nahe (Hg.) 1997: Handlungskonzept Mittelrheintal von Bingen bis Lahnstein. Dokumentation der zweiten Mittelrheinkonferenz in Boppard. Boppard/Trier.
Planungsgemeinschaft Mittelrhein-Westerwald und Planungsgemeinschaft Rheinhessen-Nahe (Hg.) 1998: Handlungskonzept Mittelrheintal von Bingen bis Lahnstein. Dokumentation der dritten Mittelrheinkonferenz in Boppard. Boppard/Trier.
Planungsgemeinschaft Rheinhessen-Nahe (Hg.) 1989: Ausgewählte Ergebnisse der Großzählungen 1987, Heft 19. Mainz.
Planungsgemeinschaft Rheinhessen-Nahe (Hg.): Langfristenentwicklungen 1994, Heft 21. Mainz.
Planungsgemeinschaft Rheinhessen-Nahe (Hg.): Naherholung und Fremdenverkehr in Rheinhessen 1988. Mainz.
Powell, C. 1995: William Turner in Deutschland. München/New York.
Raumordnungsbericht 1993 der Landesregierung Rheinland-Pfalz. Mainz.
Sauerbrei, W. 1991: Treideln am Mittelrhein. In: Löber, U. (Hg.), 2000 Jahre Rheinschiffahrt, 65-72.
Schaake, H. D. 1971: Der Fremdenverkehr in den linksrheinischen Kleinstädten zwischen Bingen und Koblenz. Arbeiten zur Rheinischen Landeskunde 31. Bonn.
Schaefer, C. 1993: Ursprung und Entwicklung des Fremdenverkehrs in Rüdesheim am Rhein. Unveröff. Magisterarbeit. Mainz.
Schäfke, W. 1982: Der Rhein von Mainz bis Köln. Köln.
Schmitt, A. 1978: Rüdesheimer Chronik. Wiesbaden.
Schmitt, K. 1991: Das Dampfschiff kommt auf den Rhein. In: Löber, U. (Hg.), 2000 Jahre Rheinschiffahrt, 85-98.
Schmitt, M. 1996: The Rhine in its perception from the Age of Romanticism to the present day. In: Beiträge zur Regionalen Geographie 41, 127-147. Leipzig.
Schriftenreihe des Hessischen Landesamtes für Straßenbau (Hg.): Daten über den Straßenverkehr. Verschiedene Jahrgänge.
Schütz, C. G. 1977: Eine malerische Rheinreise von Köln nach Mainz. Köln.
Schulte Kemminghausen, K. (Hg.) 1944: Die Briefe der Annette von Droste-Hülshoff, Bd. 1. Jena.
Seimetz, H.-J. 1987: Raumstrukturelle Aspekte des Fernstraßenbaus: Auswirkungen von Autobahnen auf Arbeitsplatzwahl, Wohnortwahl und Einkaufsverhalten privater Haushalte. Diss. Mainz.
Semmel, A. 1996: On the physical geography of the excursion

area. In: Beiträge zur Regionalen Geographie 41, 27-40. Leipzig.
Seufert, K. R. 1991: ... ist ein feins Ländlein. Eltville.
Simrock, K. 1840: Das malerische und romantische Rheinland. Reprint 1975. Hildesheim, New York.
Söhnlein H. 1977: Die ehemalige Zahnradbahn von Rüdesheim am Rhein zum National-Denkmal auf dem Niederwald. Rüdesheim.
Sperling, W. & Strunk, E. 1970: Luftbildatlas Rheinland-Pfalz. Neumünster.
Stadt Koblenz (Hg.) 1934: Koblenz, die Stadt der Rhein- und Moselbrücken. Koblenz.
Statistisches Jahrbuch, Rheinland-Pfalz. Verschiedene Jahrgänge.
Statistisches Landesamt Rheinland-Pfalz (Hg.): Statistische Berichte Rheinland-Pfalz: Die Binnenschiffahrt. Verschiedene Jahrgänge. Bad Ems.
Statistisches Landesamt Rheinland-Pfalz (Hg.) 1992: Statistische Berichte Rheinland-Pfalz: Bestockte Rebflächen. Bad Ems.
Straßenverwaltung Rheinland-Pfalz (Hg.): Analyse des Straßenverkehrs in Rheinland-Pfalz. Verschiedene Jahrgänge.
Struck, H. W. 1972: Geschichte der Stadt Geisenheim. Frankfurt a. M.
Struppmann, R. 1981: Chronik der Stadt Lorch im Rheingau. Lorch.
Troll, T. 1959: Porträt des Rheins. In: Beiträge zur Rheinkunde 10, 5-7. Koblenz.
Tümmers, H.-J. 1968: Rheinromantik. Romantik und Reisen am Rhein. Köln.
Tümmers, H.-J. 1994: Der Rhein: Ein europäischer Fluß und seine Geschichte. München.
Twain, M. 1967: A tramp abroad (1880). In: Neider, Ch. (Hg.): The complete travel books of Mark Twain. Garden City, N. Y..
Uthoff, D. 1984: Kulturlandschaftswandel im südöstlichen Hunsrück. In: Trierer Geographische Studien, Sonderheft 6, 207-216.
Uthoff, D. 1986: Das Obere Mittelrheintal. Die Krise eines traditionellen Fremdenverkehrsgebietes als Folge veränderter Nachfragemuster und zunehmender Raumbelastung. In: Colloquium Geographicum 19, 181-204. Bonn.
Uthoff, D. 1996: Die Bedeutung des Rheintals für den Fremdenverkehr.
Vierteljahreshefte zur Statistik des Deutschen Reiches. 1936.
Voigt, L. 1984: Bargarohle, Barchschaf un sächs'sches Ginsdlrblud. Ohne Ort.
Volkmann, H. 1977: Administration und Partizipation in der Planung. Beispiel: Umgehungsstraße Eltville. In: Geographische Rundschau 29, 165-181.
Wagner, F.-L. 1996: Bacharach und die Geschichte der Viertälerorte. Oberwesel.
Walk, C. 1995: Untersuchungen zur Fremdenverkehrsentwicklung im Mittelrheintal. Projektstudie. Mainz.
Wasser- und Schiffahrtsdirektion Südwest, Informationen. Mainz. Verschiedene Jahrgänge.
Wentzcke, P. & Lux, H. A. 1925: Rheinland. Geschichte und Landschaft, Kultur und Wirtschaft der Rheinprovinz. Düsseldorf.
Wild, A. 1990: Victor Hugo und Deutschland. Mainz.
Wirth, E. 1996: The Rhine as a shipping route – changes since the Industrial Revolution and perspectives for the future. In: Beiträge zur Regionalen Geographie 41, 58-71. Leipzig.
Witte, B. 1959: Herrschaft und Land im Rheingau. Meisenheim.

## Abbildungs- und Quellennachweis:

### Abbildungen:

Beit Collection, Blessington/Irland: 50
Chatsworth, Devonshire Collection, Bakewell/Großbritannien: 19
City Art Gallery, Leeds/Großbritannien: 53
Eith, Aloys-Johann, St. Goarshausen: 3
Forschungsmagazin der Johannes Gutenberg-Universität Mainz 13, 1997: 75, 82, 87
Göllner: 22
Gormsen, Erdmann: 1, 8, 9, 16, 20, 24, 25, 29, 41, 42, 47, 48, 60, 71, 73, 74, 77, 80, 81, 83, 88, 89, 93, 94, 95, 96, 97, 98, 100, 105
Gormsen, Niels: 7
Hessisches Landesmuseum Darmstadt: 58
Jeiter, Joseph: 39
John, Paul W.: 62
Kölner Stadtmuseum: 33, 54, 56
Kölnisches Landesmuseum: 36
Landesamt für Denkmalpflege Rheinland-Pfalz, Mainz: 14
Landesbank Rheinland-Pfalz, Mainz: 13, 30, 31
Ministerium für Umwelt und Forsten des Landes Rheinland-Pfalz, Mainz: 38, 78, 79
Museum Wiesbaden: 4
Nationalgalerie Berlin: 46
National Museum of Wales, Cardiff/Großbritannien: 51
Schlossparkmuseum Bad Kreuznach, Römerhalle: 17
Seilbahngesellschaft Assmannshausen: 72
Stadtbibliothek Mainz: 49
Städtisches Kunstmuseum Bonn: 55
Straeter, Heinz (Landesamt für Denkmalpflege Rheinland-Pfalz, Mainz): 26, 27, 85, 101, 102, 103, 104, 106
Universitätsbibliothek Heidelberg: 6, 45
Verkehrsamt der Stadt Rüdesheim: 69
Wasser- und Schifffahrtsdirektion Südwest, Mainz: 35
Wildemann, Th. (Landesamt für Denkmalpflege Rheinland-Pfalz, Mainz): 84
Wolff & Tritschler: 28, 76
Württembergische Staatsbibliothek Stuttgart: 63

### Quellen:

Heine, Heinrich, aus: Loreley und Schinderhannes. Lieder und Geschichten vom Rhein. Herausgegeben von Ursula Schulze und Ulrich Mattejiet, Artemis & Winkler, Düsseldorf/Zürich 2001
Kästner, Erich, aus: E. K., Gesang zwischen den Stühlen © Atrium Verlag, Zürich, und Thomas Kästner

*Leider konnten nicht alle Rechteinhaber erreicht werden. Der Verlag wird rechtmäßige Ansprüche in angemessener Weise abgelten.*

## Der Autor

Professor Dr. Erdmann Gormsen wurde am 8. Oktober 1929 in Königsfeld im Schwarzwald geboren; er starb im April 1998 in Mainz.

Erdmann Gormsen studierte Geographie und Naturwissenschaften in Mainz und Heidelberg. Nach dem Staatsexamen für das Lehramt an Gymnasien promovierte er mit einer Arbeit zur Stadtgeographie in Lateinamerika (1962), über Barquisimeto in Venezuela, wohin ihn dort lebende Verwandte mit einer Schiffsreise eingeladen hatten. Anschließend arbeitete er im Mexiko-Projekt der Deutschen Forschungsgemeinschaft (1963-1966) und war Referent in der Abteilung Umweltwissenschaften der UNESCO in Paris (1966-1969). Nach seiner Habilitation 1969 an der Universität Heidelberg in Geographie mit einer Arbeit über die Agrarstruktur in Mexiko war Erdmann Gormsen in der Neckarstadt von 1969-1971 als Privatdozent tätig, bis er 1971 auf eine Ordentliche Professur für Geographie (Kulturgeographie) an die Universität Mainz berufen wurde. Seine Forschungs-schwerpunkte waren: Stadtstrukturanalyse, Zentrale Orte und zentralörtliche Systeme, regionale Wirkungen des Tourismus, Probleme des ländlichen Raumes, Markt-systeme in verschiedenen Kulturkreisen. Regionale Arbeitsschwerpunkte waren Lateinamerika, China, „Dritte-Welt-Länder", Spanien und Südwestdeutschland. Zu diesen Themen hat er mehrere Monographien und zahlreiche Aufsätze veröffentlicht, u.a. „Mexiko", 1995.

Erdmann Gormsen entfaltete vielfältige Aktivitäten in internationalen und interdisziplinären Forschungsprogrammen, Beiräten und Kommissionen. So war er von 1973-1984 Vorsitzender der Arbeitsgruppe „Periodische Märkte und Marktsysteme" der Internationalen Geographischen Union (IGU) und hatte von 1984-1994 den Vorsitz des Interdisziplinären Arbeitskreises "Dritte Welt" an der Johannes-Gutenberg-Universität Mainz inne. Jahrelangen engen Kontakt hatte Erdmann Gormsen als ständiges Mitglied im Landesplanungsbeirat, angesiedelt bei der Abteilung Raumordnung und Landesplanung der Staatskanzlei in Mainz, auch zu Fragen der Landesplanung in Rheinland- Pfalz.

Eine ausführliche Würdigung mit Lebenslauf und Literaturverzeichnis findet sich in: „Festschrift für Erdmann Gormsen zum 65. Geburtstag" Mainzer Geographische Studien Bd. 40, Mainz, 1994/1995.